DER NACKTE GOTT

Plädoyers für ein Christentum aus Fleisch und Blut

Richard Rohr

DER NACKTE GOTT

Plädoyers für ein Christentum aus Fleisch und Blut

Aus dem Amerikanischen übersetzt, bearbeitet und mit einem Vorwort versehen von Andreas Ebert

Claudius

Für Dieter Koller

Bildnachweis

Die Blauen Bücher, Michelangelo Plastik · Architektur, Harald Keller, © 1966 bei Karl Robert Langewiesche Nachfolger Hans Köster, Königstein im Taunus (S. 12), aus: Karl Künstle, Ikonographie der Heiligen, Herder & Co. GmbH Verlagsbuchhandlung, Freiburg 1926, S. 303, (S. 22), Edition: Giusti di S. Becocci, Florenz (S. 43), Ernst Alt, Saarbrücken (S. 73), Brigitte Kranich, Toppenstedt (S. 79), Sojourners Magazine, Washington DC (S. 114), Frank Lorenz, Neuendettelsau (S. 131), Photo: Anita Gholson, New Jerusalem Community, Cincinnati, Ohio (S. 161).

Die Deutsche Bibliothek – CIP-Einheitsaufnahme

Rohr, Richard:
Der nackte Gott: Plädoyers für ein Christentum aus Fleisch und Blut / Richard Rohr. Aus dem Amerikan. übers., bearb. und mit einem Vorw. vers. von Andreas Ebert. – 7. Aufl. – München: Claudius-Verl., 1992
ISBN 3-532-62061-8
NE: Ebert, Andreas [Bearb.]

7. Auflage 1992

Umschlaggestaltung: Werner Richter
Fotosatz: Uhl + Massopust GmbH, 7080 Aalen
Druck: Schoder Druck GmbH & Co. KG, 8906 Gersthofen

ISBN 3-532-62061-8

INHALT

VORWORT

Als im Sommer 1986 Richard Rohrs Vortragszyklus *Der wilde Mann* in deutscher Übersetzung erschien, kannte kaum jemand den Autor. Dennoch war die erste Auflage rasch vergriffen; innerhalb eines Jahres mußten vier Auflagen gedruckt werden. Zahlreiche Zuschriften von Lesern erreichten den Verlag; das Erstaunliche daran war, daß sie nicht nur aus dem christlichen Bereich kamen, sondern auch von Psychotherapeuten und aus der *New-Age*-Szene.

Buchhandlungen, die sonst keine Bücher aus christlichen Verlagen führen, orderten den „wilden Mann“dutzendweise. Immer wieder wurde nach weiteren Beiträgen des Franziskanerpaters gefragt.

So hat mich der Verlag beauftragt, eine Art *Lesebuch* zusammenzustellen, das einen umfassenderen Einblick in das Leben und Denken Rohrs gibt.

Die Entstehung der Vorträge, Aufsätze und Predigten, die wir aufgenommen haben, umspannt einen Zeitraum von gut zehn Jahren. Wir haben die Beiträge weitgehend chronologisch abgedruckt, so daß beim aufmerksamen Lesen Akzentverschiebungen und Entwicklungen deutlich werden. Dennoch bleibt Rohr seinem Grundanliegen treu. Das fundamentale „Dogma“ seines Lebens und seines Denkens ist die *Inkarnation*, die Menschwerdung Gottes in Jesus Christus. In Jesus werden *Fleisch* und *Geist* eins. Diese alte christliche Glaubenswahrheit hat für Rohr weitreichende Konsequenzen für die Selbstwerdung jedes Menschen und für das Leben der Kirche. Was sich in Christus ereignet hat, das soll sich auch in jedem und jeder von uns ereignen. Die Kirche, die schon in den Briefen des Paulus ausdrücklich als *Leib Christi* verstanden wird, ist der Ort, an dem sich dieser Ganzwerdungs-Prozeß, der mit Christus begonnen hat, fortsetzt. Rohr sieht sehr scharf, daß die leibfeindlichen Tendenzen innerhalb des Christentums, die sich schon im Neuen Testament zeigen und dann die gesamte Kirchengeschichte durchziehen, im krassen Widerspruch zu dem stehen, was Gott in Christus wurde: nacktes Fleisch! Vom Kind in der Krippe bis zum Gekreuzigten auf Golgatha begegnet uns dieser nackte, verwundbare Gott aus Fleisch und Blut. Die Kirche dagegen hat immer wieder versucht, dieser Nacktheit und Verwundbarkeit auszuweichen und sich statt dessen mit geistigen Prinzipien, Moral, geordneten Institutionen, Gesetzen und Machtpositionen begnügt.

Die Kirchenkritik Rohrs berührt sich eng mit den Gedanken *Dietrich Bonhoeffers*, der schon in seiner frühen Doktorarbeit *Sanctorum Communio* („Gemeinschaft der Heiligen") von der Existenz Christi als *Gemeinde* ausgeht. Die Gemeinde ist die reale Fortsetzung des Lebens und Wirkens Jesu „im Fleisch", das heißt: unter den konkreten Bedingungen dieser Welt. Zu ganz ähnlichen Schlußfolgerungen kommt die lateinamerikanische *Theologie der Befreiung*, die nicht zufällig in Richard Rohrs Ordensbruder *Leonardo Boff* einen ihrer markantesten Vertreter hat. Auch den lateinamerikanischen *Basisgemeinden* und ihren Theologen geht es um die „Fleischwerdung" des Christentums inmitten der sozialen, politischen und zwischenmenschlichen Konflikte und Krisen unserer Zeit. So könnte man Rohrs Ansatz als eine *Befreiungstheologie für den Westen* bezeichnen.

Überraschende Verbindungslinien lassen sich auch zu vielem von dem ziehen, was seit einiger Zeit unter dem Namen *New Age* die Gemüter vieler Zeitgenossen und -genossinnen bewegt. Vordenker dieser Bewegung sprechen davon, daß wir in einer epochalen Zeitenwende leben, wo alte Denkraster immer weniger greifen und ein grundlegend neuer Denkansatz erforderlich wird, in dem sich westliche Rationalität und östliche Weisheit vereinigen. *Holismus*, in etwa zu übersetzen mit „Ganzheitlichkeit", ist ein wichtiges Stichwort aus dem New-Age-Vokabular. Richard Rohr hat in seinem Denken und vor allem in der Praxis der Lebensgemeinschaft „New Jerusalem" in Cincinnati/Ohio (gegründet 1971) ähnliche Schlüsse gezogen und im Lebensvollzug erprobt, ohne dabei freilich der christlich-jüdischen Tradition den Rücken zu kehren, die von der New-Age-Bewegung weitgehend als überholt oder wenig relevant angesehen wird. Das Festhalten daran, daß es trotz aller notwendigen menschlichen Selbstfindungs- und Reifungsprozesse Gott ist, der den Menschen erlöst, und nicht der autonome Mensch selbst,

bewahrt Richard Rohr vor der Gefahr des Größenwahns und des Erfolgszwangs, dem jene Bewegung immer wieder zu erliegen droht, wenn sie das Göttliche *ausschließlich* im Menschen ansiedeln will und gerade dadurch leicht „gnadenlos" wird. In einem Brief an den Herausgeber schreibt Rohr über New Age: „Ich empfinde diese Bewegung als weitgehend *pelagianisch*[1].
In der Regel vermeiden ihre Anhänger wirkliche spirituelle Hingabe. Das heißt aber nicht, daß nicht viele ihrer Einsichten an sich gut und richtig sind. Vieles spricht die Menschen des Westens an, weil es Selbsthilfe, Ich-Stärkung und eine Art geistige Konsumhaltung zu ermöglichen scheint."
Gott bleibt bei Rohr Partner, „Du" und Gegenüber, wie es der große jüdische Religionsphilosoph *Martin Buber* eindrücklich entfaltet hat. Auch der Versuchung, die Wirklichkeit zu *vergeistigen* (wie es zum Beispiel in der *Anthroposophie Rudolf Steiners* trotz ihrer beachtlichen und herausfordernden Leistungen in vielen Lebensbereichen immer wieder geschieht), versagt sich Rohr, indem er Gott immer wieder *„ins Fleisch zieht" (Martin Luther)*.
Der Ganzheitlichkeit seines Ansatzes entspricht die Vielfalt und Vielseitigkeit der Themen, mit denen sich Richard Rohr befaßt. Ob er über die Bibel redet oder über persönliche Erfahrungen mit dem Gebet, ob er den Sinn der menschlichen Sexualität ergründet oder über soziologische Gesetzmäßigkeiten von Gemeinschafts-Prozessen nachdenkt, ob er Hilfestellungen gibt, mit den eigenen Träumen besser umzugehen oder politische Konsequenzen des Glaubens anmahnt, ob er mit innerer Bewegung über seinen Ordensgründer *Franz von Assisi* referiert oder den Protestanten provozierende Gedanken über Maria ins Stammbuch schreibt – immer wird deutlich, daß es für ihn nur *eine* Welt und *eine* Wirklichkeit geben kann und daß alles mit allem zusammenhängt, seit Gott *ins Fleisch* gekommen ist. Deshalb greift Rohr unbefangen auf Wahrheit und Weisheit zurück, wo immer er sie findet. Er kennt ebensowenig Berührungsängste gegenüber östlichen Religionen wie gegenüber westlichen Philosophien und Humanwissenschaften. Besonders starke Anregungen hat er – das wird keiner Leserin und keinem Leser entgehen – von dem Schweizer Tiefenpsychologen *C. G. Jung* empfangen

1 Pelagianismus: Lehre von der Möglichkeit des Menschen, sich selbst zu erlösen.

(der interessanterweise auch in der New-Age-Bewegung eine Art Prophetenrolle spielt). Die Gabe Rohrs ist es, all diese Anregungen *theologisch* zu verarbeiten – in einer Sprache, die allgemeinverständlich, klar und nicht ohne Witz ist.

1985 hat Pater Richard Rohr seine Gründung, die Familiengemeinschaft *New Jerusalem* verlassen, um sie ganz in die Hände von „Laien" zu legen. Daß sich der „Guru" selbst entbehrlich macht, das gehört zu den Konsequenzen die Rohr gezogen hat, um Menschen nicht an sich zu binden, sondern sie in die Mündigkeit zu entlassen. Einen Teil seines „Sabbath-Jahres" verbrachte er als Eremit auf Zeit in der Einsiedelei des früh verstorbenen Mystikers und Trappistenmönches *Thomas Merton* in Gethsemani/Kentucky. Seit Mitte 1986 lebt Rohr in Albuquerque/New Mexico. Dort ist der Zustrom lateinamerikanischer Flüchtlinge besonders spürbar; in den innerstädtischen Slums herrscht große Armut und die Versuchslaboratorien und Testgelände der amerikanischen Massenvernichtungswaffen sind nicht weit. Rohr hat sich stark politisiert – auch das ist eine Konsequenz seines Lebensweges. Schon 1983 wurde er anläßlich einer illegalen Gebetsversammlung im Kapitol von Washington D. C. verhaftet. Er ist bereit, bürgerlichen Ungehorsam dort zu leisten, wo er die Würde und das Leben der Menschen in Gefahr sieht.

Rohrs neues Wirkungszentrum heißt *Center for Action and Contemplation* („Zentrum für Aktion und Kontemplation"). Es besteht aus einer Arbeits- und Begegnungsstätte im Zentrum von Albuquerque, wo Kurse abgehalten und Aktionsgruppen formiert werden. Dabei geht es ihm diesmal weniger um Gemeinschaft als Selbstzweck, sondern um die Suche nach Wegen, den Krisen unserer Zeit konkret zu begegnen.

Gleichzeitig baut Rohr mit seinem neuen Team ein Meditations-Zentrum auf, das etwa eine Stunde von der Stadt entfernt im Wüstengebirge liegt. Wie Jesus immer wieder in die Wüste und in die Einsamkeit ging, um Kraft zu sammeln für sein Engagement, so soll auch hier das Experiment gewagt werden, radikalen Einsatz für die Menschen mit einem kontemplativen Gebetsleben zu verbinden. Mehrere Familien aus Cincinnati sind kurz nach Richard Rohr ebenfalls nach Albuquerque umgesiedelt, um ihre Gemeindeerfahrungen dem neuen Projekt zur Verfügung zu stellen. 1987 wurde Richard Rohr zugleich als Definitor der

Provinz Cincinnati für den Westen der USA auf drei Jahre in das oberste Leitungsgremium seines Ordens berufen.
Ich danke allen, die das Zustandekommen dieses Buches ermöglicht haben: Den vielen Leserinnen und Lesern des „Wilden Mannes", die uns ermutigt haben, der Verlagslektorin *Marion Küstenmacher,* sowie *Wolfram Nugel* und *Lutz Doering,* die Korrekturen gelesen haben.
Richard Rohr und ich als sein Übersetzer möchten diese deutsche Ausgabe unserem Freund Pfarrer *Dieter Koller* aus Wetzhausen widmen. Als Wegbegleiter durch Höhen und Tiefen und Fährtensucher des Reiches Gottes bedeutet er uns und vielen anderen mehr, als Worte ausdrücken können.
Wer Englisch versteht, sei darauf hingewiesen, daß eine große Anzahl von Cassetten mit Reden Richard Rohrs auf dem amerikanischen Markt erhältlich ist. Katalog-Bestellungen kann man entweder richten an *New Jerusalem Community, 745 Derby Ave, Cincinnati/Ohio 45232, USA* oder an *St. Anthony Messenger Tapes, 1615 Republic Str., Cincinnati/Ohio 45210, USA.*

Andreas Ebert, Herausgeber und Übersetzer

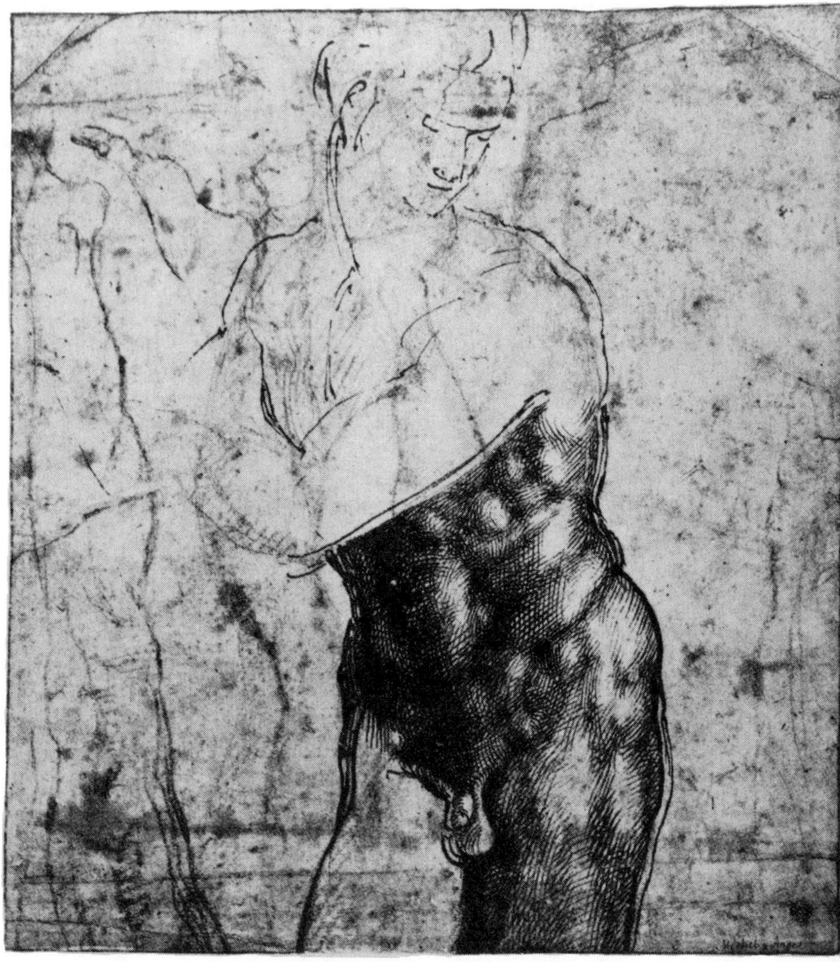

Das Jesus-Muster des fleischgewordenen Wortes
Michelangelo, Studie zum nackten Christus

DER NACKTE GOTT
Die Inkarnation

Wegen der Inkarnation, der Menschwerdung Jesu, ergibt das Christentum losgelöst von der Kirche für mich keinen Sinn. Bis Gottes Wort in wirklichen Menschen und konkreten zwischenmenschlichen Beziehungen vor Ort Fleisch und Gestalt annimmt, bleibt das Christentum trocken und abstrakt.

Die eigentliche Pointe der Fleischwerdung Jesu besteht darin, daß der Vater in Jesus Gott und Mensch zusammengefügt hat. Ich habe jedoch den Verdacht, daß sich viele Christen so schwer damit tun, das Menschliche und das Göttliche miteinander zu versöhnen, daß sie Gott und ihre konkrete Gemeindekirche um die Ecke nur schwer zusammenbringen.

Dieser Widerwille, die Inkarnation derartig konkret und praktisch zu verstehen, trägt für mich zur Erklärung bei, weshalb die Kirche so wenig Ausstrahlung hat und an ihrem Auftrag scheitert, der Welt das Evangelium zu verkündigen. Zu oft haben wir ein fleischloses und blutarmes Evangelium verkündigt, das den Eindruck erweckt hat, es sei irgendwie nicht ganz o. k., Mensch zu sein. Im Namen Jesu haben wir die Wirklichkeit andauernd in natürlich und übernatürlich, weltlich und geistlich aufgeteilt. Was Gott zusammengefügt hat, das haben wir geschieden. Der vielfach zerrissene und gespaltene Leib Christi steht als bitteres Zeichen vor aller Augen, daß wir von Jesus nichts begriffen haben.

Jesus kennen, das bedeutet: sich dem stellen, was Gott in Jesus getan hat – und daran Anteil haben. In seinem Sohn hat Gott Ja gesagt zum Menschsein; er hat das Menschliche und das Göttliche – auf den ersten Blick jedenfalls – un-unterscheidbar und verwechselbar gemacht; Gott hat sich schwach gemacht – und er hat das Menschsein zu jenem Ort gemacht, wo seine Begegnung mit uns stattfindet.

In Jesus hat der Vater Mensch und Gott zur vollständigen Einheit gebracht. Damit hat er der Menschheit den Blick und die Vision für das Ganze geschenkt und uns die Sicherheit gegeben, daß wir im Rahmen dieser Vision zu Hause sein können. Die Inkarnation Jesu führt uns vor Augen, daß uns Gott da begegnet, wo wir sind. Sie versichert uns, daß wir die Welt nicht verschmähen und unser Menschsein nicht hinter uns lassen müssen, um Gott zu finden.

Im Gegenteil: Nur aus einer Position mitten in der Welt heraus können wir am Sieg Christi über die Welt Anteil haben. Es hilft nichts, wenn wir diese Position ablehnen wie die Pietisten oder wenn wir diesen Standpunkt nur geistig-theoretisch einnehmen wie die Anhänger reiner Rechtgläubigkeit. Es ist erst recht nicht gut, sich von der Welt gefangennehmen und vereinnahmen zu lassen wie die Atheisten. Es geht vielmehr darum, daß wir unser Menschsein akzeptieren und die Welt als den Ort begreifen, wo Gott zu uns reden und uns befreien kann. *„Von meinem Fleisch her werde ich Gott schauen"* (Hiob 19,26).

Unsere Tendenz besteht darin, eine „übernatürliche" Religion zu konstruieren und ein System von Strukturen zu schaffen und zu pflegen, die das Fehlen echter zwischenmenschlicher Beziehungen vertuschen sollen, „jener Beziehungen, ohne die es keine Fleischwerdung geben kann und ohne die Gott handlungsunfähig ist" *(Max Delespesse)*. Die Göttlichkeit der Kirche Jesu Christi kann sich gerade nur in ihrer Menschlichkeit zeigen. „Wenn diese Menschlichkeit unter dem Schutthaufen von Intrigen, Bürokratie, Pomp, Wohlstand, Ehrbarkeit, Privilegien, Organisationen, Amtsstuben und Wartezimmern verschwindet, dann wird dadurch gerade die Göttlichkeit der Kirche verdunkelt" *(Delespesse)*.

Wir fürchten jedoch die schlichte Menschlichkeit gerade deshalb, weil sie die Religion real und fordernd macht. Wir betreiben Religion auf der Ebene abstrakter Begriffe, ohne dem Jesus-Muster des *fleischgewordenen* Wortes zu folgen. Wir glauben die große Lüge, daß Erlösung auch ohne Menschwerdung stattfinden kann. Wir wünschen uns Befreiung ohne Verbindlichkeit, Liebe und Lebenshilfe ohne Beziehungen, Sieg und Erfolg ohne Scheitern und Schwachheit. Wir wollen geistlich sein ohne fleischlich zu sein, wir wollen das Kosmische, fürchten uns aber vor dem Konkreten. Kurz gesagt: Wir sehnen uns nach der mystischen Kirche, ohne uns mit einer real existierenden, irdischen Gemeinschaft vor Ort herumschlagen zu müssen.

Wenn aber das Wort Gottes wirklich geliebt und weitergegeben werden soll, dann muß es in wirklichen Menschen Gestalt annehmen. Schon im Alten Testament kann Gott die Fülle seiner Liebe denen nicht vermitteln, die sich von seinem Volk fernhalten. Konsequenterweise verbringt er viel Zeit damit, Witwen und Waisen, Rebellen und freischwärmende Wanderpropheten zur Herde zurückzuholen. Mag es solche Aus-Wanderer auch noch so sehr zu theologischer Klarheit oder zu ritueller Reinheit hinziehen – Gott versucht immer wieder, sie davon zu überzeugen, daß das Heil aufs engste mit der Gemeinschaft, mit dem Volk-Sein zusammenhängt. Die Geschichte des Volkes wird zum Zeichen des Heils. Gerade die Realität offenbart Jahwe denen, die sehen gelernt haben. Und doch gibt es daneben auch besondere Zeichen: die Stiftshütte in der Wüste, die Bundeslade mit den Gesetzestafeln, später den Tempel in Jerusalem – so daß das Volk glauben kann, daß Gott in seiner Mitte ist.
Erst als der Vorhang im Tempel zerrissen und das Gottesvolk einträchtig im „Obergemach" (ApG1) versammelt ist, wagen sie zu glauben, daß Gottes Geist mitten unter ihnen ist. An Pfingsten wird die Kirche geboren – und definiert! Sofort ist von Gemeinschaft, Lebensstil, Güterteilung und vollmächtiger Verkündigung die Rede. Das alles gehört zusammen! Was sie geglaubt haben, das haben sie alsbald in die Tat umgesetzt. Die ersten Christen verkündigten nicht nur das Evangelium – sie wurden selbst Evangelium, eine gute Nachricht. Ein wahrhaft neues Leben, eine neue Freiheit, die zutiefst persönliche Gegenwart ihres Herrn – was sie gemeinsam hatten, das war so offensichtlich, daß sie keine Argumente suchen mußten, um es zu beweisen.
Und doch stehen wir in der Versuchung, das Neue Testament wie eine vom Himmel gefallene Gebrauchsanweisung zum Thema „Wie man selig wird" zu verstehen – anstatt es als die reiche, bunte und konkrete Beschreibung eines versöhnten Lebens in der Familie Gottes zu sehen. Wir versuchen, dem Buchstaben des Gesetzes Tribut zu zollen, während Gott eigentlich nur will, daß wir Teil seines Leibes sind. Wir streiten darüber, wer recht hat, während Gott über rechte Beziehungen redet.
Wie schwer fällt es uns zu akzeptieren, daß alles so einfach sein könnte – daß wir bereits Teil des göttlichen Lebens und der

Familie Gottes *sind*! Wir haben Probleme damit zu glauben, daß Gott uns bereits als seine Töchter und Söhne angenommen hat und daß wir eigentlich nur noch unser Erbe in Anspruch nehmen müssen. Wir haben es irgendwie geschafft, Erlösung und Menschwerdung auseinanderzureißen. Nach dieser unglückseligen Trennung wird die Erlösung tatsächlich etwas, was wir uns verdienen müssen. Plötzlich kommt es nicht mehr darauf an, in welchem Maß wir die Liebe Gottes miteinander teilen können, sondern wie vollkommen wir die Regeln halten. Diese Trennung ist falsch, weil Gott uns bereits dadurch befreit, daß er das Fleisch erwählt und einer von uns wird. Die Inkarnation ist bereits die Erlösung.

Gott befreit das ganze Universum und personalisiert es, indem er alles in das gemeinsame Leben der Trinität hineinzieht. Er nimmt die ganze Schöpfung in die ewige Ur-Familie von Vater, Sohn und Heiligem Geist auf. Wenn Gottes Reich auf diese Erde kommt, dann ist es Gott selbst, der diesen Prozeß in Gang setzt und mit Kraft versieht. Es geht dabei um die fortdauernde Verklärung und Umwandlung des Gottmenschen, der uns einlädt, das nachzuvollziehen, was zuerst in ihm geschehen ist. Jesus lädt die Menschheit ein, so wie er selbst in seinen Erdentagen vom Geist zu lernen, was Menschsein, Kindsein, Beziehung und Familie eigentlich bedeuten. Der Geist selbst wird auch uns davon überzeugen, daß wir und wie wir Anteil haben an der Inkarnation. Der Geist wird ferner jeder und jedem von uns zeigen, inwiefern unsere eigene *Menschwerdung* zugleich unsere *Erlösung* werden kann.

Die frühen Kirchenväter waren davon überzeugt, daß Inkarnation und Erlösung letztlich eins sind. *Athanasius, Ambrosius* und *Augustinus* kamen dabei zu folgendem logischen Schluß: *Was nicht inkarniert* (d. h. angenommen) *ist, das ist auch nicht erlöst.* Sie hätten niemals eine mystische Erlösung zugelassen, die sich nur innerlich oder nur im Kopf abspielt. Für diese Männer war Erlösung kein geistiges, abgehobenes und privates Selig-Werden. Wie könnte das auch sein – sahen sie doch tagtäglich, wie Gott den gesamten Mittelmeerraum real veränderte! Diese Christen hatten miterlebt, wie Menschen alles verließen und bis ans Ende der Erde reisten – um des Reiches Gottes willen. Sie hatten erlebt, wie sich Regierungssysteme veränderten, Kulturen wandelten und eine neue Zivilisation entstand. Sie konnten *sehen*, was Gott tat. Er brachte ihnen offensichtlich „Leben in Fülle". Schon für Paulus war das Reich Gottes nicht nur eine Angelegenheit von Worten. *„Es besteht in Kraft!"* schrieb er den Korinthern (1. Kor. 4,20).

Paulus sah seine Mission darin, Zeuge der guten Nachricht von Gottes Gnade zu sein (vgl. Apg. 20,24). Zeugnis ablegen, das heißt, die Wahrheit sichtbar zu machen. Das neutestamentliche Wort für Zeuge ist „martys"; unser Begriff „Märtyrer" geht darauf zurück. Ein Zeuge steht mit seinem ganzen Leben für seine Sache ein. Zeuge sein bedeutet weit mehr, als ein paar geistreiche theologische Gedanken von sich zu geben.

Die Kirche, die Paulus aufbaute, sah sich selbst als Inkarnation Jesu. Sie glaubte an das ganze Evangelium und lebte es: Jesus Mensch werdend, lebend, sterbend, auferstehend. Das war ihr Lebensmuster. Im Lauf der Jahrhunderte hat sich dieses volle Evangelium oft in Teil-Evangelien aufgelöst, die die unterschiedlichste Gestalt annehmen konnten: Theologie ohne Lebensstil, Liturgie ohne Gemeinschaft, Priester ohne Laien, Institution ohne Menschen, Moral ohne Liebe, geistliche Erlebnisse ohne den Leib Christi – und schließlich als letztes, unausweichliches Ergebnis: Kirche ohne gelebtes Leben.

Der Versuch, Gottes Plan für sein Volk durch solche Abspaltungen platzen zu lassen, kann nur teuflisch genannt werden. Der „Vater der Lüge" vereitelt Gottes Ruf zur Menschwerdung, zu Gemeinschaft und zu wirklichen Beziehungen durch ein Netzwerk vager Ideen und geistlicher Abstraktionen, die mystisch und fromm klingen. Der geheime Plan Gottes, der dem Bösen unannehmbar war, bestand darin, daß Gott seinen Sieg gerade *im* menschlichen Fleisch erringen wollte – nicht außerhalb oder oberhalb davon. Der Teufel konnte sich mit einem Menschen, von einer Frau geboren, nicht abfinden. Er konnte nicht akzeptieren, daß sich Gott selbst entäußern, Sklavengestalt annehmen, Mensch unter Menschen sein würde (Phil. 2,7).

Deshalb versucht Luzifer – oftmals leider mit Erfolg! – die Wirklichkeit hinter einem feinsinnigen System von Hirngymnastik, falschen Bildern und Illusionen zu verbergen. Die sogenannten „fleischlichen Sünden" sind nur Symptome dieser tiefsitzenden Lügen in unseren Köpfen und Herzen. Nur im Licht konkreter Beziehungen im Leibe Christi können solche geistlichen Täuschungsmanöver aufgedeckt und demaskiert werden. Dann zeigt sich, worin sie in Wirklichkeit bestehen: Es sind unsere Abwehrmechanismen gegen Liebe, verbindliches Leben und das Kreuz.

Deshalb lautet die entscheidende Frage, ob wir unsere Abwehrhaltung aufgeben können. Sind wir gewillt, an das ganze Evangelium zu glauben und Ja zu sagen zum Leben? Sind wir gewillt zuzugeben, daß die Wirklichkeit selbst Gottes bester Verbündeter sein könnte – vorausgesetzt, wir haben die Freiheit, die Wirklichkeit wahrhaft zu verstehen? Sind wir bereit, mit unserem Leben ein lebensbejahendes Evangelium zu verkündigen wie Jesus – anstatt jene todesverliebten schlechten Nachrichten, die die Welt verdammen oder verwirren? Können wir Gottes eigene Sicht des Ganzen annehmen – und unsere Rolle innerhalb seiner Vision?

Gottes Seher, die Heiligen, glauben daran, daß Gott sie erwählt hat und akzeptieren ihre Berufung. Sie wissen, daß Gott mit ihnen kein Spiel treibt, sie nicht ausnützt und nicht anlügt. Sie haben die Geburt eines Kindes gesehen, dessen Leben vertrauenswürdig ist – obwohl es ganz offensichtlich im Scheitern und im Tod gipfelt. Sie können Gott ihr eigenes Leben und ihren eigenen Tod anvertrauen, weil Jesus ihm vertraut hat und nicht enttäuscht worden ist.

Gottes Volk, Menschen mit ungeteiltem Herzen, können sofort sehen, was Gott tut: er ent-äußert sich, er definiert sich selbst als Mensch, er wird nackt, berührbar, begreifbar, teilbar. Er stirbt und wird zu einer neuen Art von Existenz verwandelt – der Auferstandene ist allen zugänglich. Das ist der Heilige Geist unter uns!

Jene, die klar sehen können, merken, wie alles in Christus inkarniert ist: *„Gott hat alles unter seine Füße getan und ihn zum Herrscher des Alls und zum Haupt seines Leibes gemacht: das ist die Kirche. Sie ist sein Leib, die Fülle dessen, der die ganze Schöpfung erfüllt"* (Eph. 1,23). Gottes Volk ist auf der Erde zu Hause, weil Gottes Leute Augen für Gottes Reich haben. Sie haben die Freiheit, *Eucharistie* zu feiern: Danksagung. Mit dem Mann aus Assisi haben sie die Freiheit zu sagen, daß alles, was ist, gut und verehrenswert ist.

Und doch wissen sie gerade aufgrund ihrer Ahnung vom Ganzen, daß noch nicht alles erlöst ist. Sie wissen, daß Gottes Reich schon da und zugleich noch nicht da ist, gegenwärtig und doch zukünftig. Christus ist schon unter uns, und doch wird er in Herrlichkeit erscheinen. Die Inkarnation hat schon stattgefunden, und doch steht der letzte Akt der Befreiung noch aus. *„Die ganze Schöpfung stöhnt in Wehen und sehnt sich danach, daß Gott seine Kinder offenbar macht"* (Röm. 8,19).

Zum Glück ist Gottes Volk mit der Fähigkeit begabt, zu warten, zu hoffen und sich hinzugeben – wie Gott selbst Milliarden von Jahren mit der Schöpfung gewartet hat, Tausende von Jahren mit der Menschheit, Hunderte von Jahren mit der Kirche. Gott verschenkt sich weiterhin, weil er weiß, daß sein bedingungsloses geduldiges Liebeswerben eines Tages in Freiheit erwidert werden wird, und daß es dann nur noch, wie *Augustinus* sagt, Christus geben wird, „der sich selber liebt".

So wie die Erlösung durch die Entfaltung der Inkarnation zustande kommt, so kommt das Reich Gottes durch die Entfaltung der Gemeinde zustande. In seiner Kirche schafft Christus einen Leib, der auferstehen soll, eine Braut, die bereit ist zu sagen: *„Komm, Herr Jesus!"* Und ihr Bitten gibt ihm schließlich die Freiheit, in Herrlichkeit wiederzukommen.

Am Ende werden wir wissen, daß sich die Göttlichkeit dieses Retter-Gottes gerade im Fleisch und in seiner Menschlichkeit offenbart hat. Und die Kirche, die einst, wie jemand sagte, „durch ihre Unmenschlichkeit verdorben wurde", wird leuchten – gerade weil ihre Menschlichkeit befreit und erlöst worden ist. Wie das Ja der Maria entscheidend war für die erste Inkarnation, wird die Menschheit begreifen, daß auch ihr Ja nötig, wichtig und Gott wohlgefällig ist.

Alle Welt feiert, singt und schmückt sich an Weihnachten, am Fest der Menschwerdung. Es ist, als ob die Menschen intuitiv wüßten, daß Weihnachten das Zentralereignis der Weltgeschichte ist – und daß es Ostern bereits in sich enthält.

Zum Weiterlesen:

Boff, Leonardo: Mensch geworden. Das Evangelium von Weihnachten. Freiburg, Herder-Verlag. 1986.

Schönborn, Christoph: Das Geheimnis der Menschwerdung. Mainz-Weisenau, Matthias-Gründwald-Verlag. 1983.

DAS FENSTER ZUM HIMMEL
Vom Umgang mit Gottes Wort

„Eine Fischreuse ist zum Fischfang da. Wenn die Fische gefangen sind, kann man die Reuse vergessen. Eine Kaninchenfalle ist zum Kaninchenfangen da. Sind die Kaninchen gefangen, kann man die Falle vergessen. Worte sind dazu da, Ideen zu vermitteln. Sind die Ideen begriffen, kann man die Worte vergessen. Wo finde ich einen Menschen, der die Worte vergessen hat? Mit diesem Menschen würde ich gerne reden." Huang-Tsu

Ich stelle mir einen Menschen vor, der vor langer Zeit in einer Höhle lebte. Seine Wohnung war immer dunkel. Eines Tages bemerkt der Mensch etwas Merkwürdiges an der Höhlenwand, was zuvor nicht dagewesen ist: einen kleinen Fleck, strahlend hell, nicht größer als ein Nadelkopf. Der Mensch nähert sich dem Punkt und starrt ihn bestürzt und schweigend an. Er hält seine Hand gegen die Öffnung und kann sehen, wie der Fleck die Umrisse seiner Finger beleuchtet. Er hört, wie sein Herz plötzlich zu rasen beginnt. Nervös kratzt er mit einem Stock an dem Loch herum. Kleine Steinbrocken rieseln heraus, der Schaft erweitert sich auf Daumengröße. Immer leichter wird dem Menschen ums Herz, Wärme durchflutet ihn. Er verdoppelt seine Anstrengungen, arbeitet an dem Loch mit allem, was ihm in die Hand kommt. Nach Stunden ist das Loch halb so groß wie sein Kopf.

Der Mensch legt seine Werkzeuge nieder, stellt sich auf die Zehenspitzen und schaut durch die Öffnung, die er herausgearbeitet hat. Mit weit aufgerissenem Mund sieht er die Herrlichkeit, die das Fenster offenbart: einen unendlichen Glanz vor einem tiefblauen Feld. Er sieht den Himmel und die Sonne. Staunen und Ehrfurcht ergreifen ihn.

Der Mensch ist völlig verwandelt. Das Licht und das Fenster, das dies Licht offenbart hat, beherrschen fortan sein Leben. Mit Liebe und Sorgfalt bearbeitet er die Steinränder seines Fensters, bis sie zu einem gefälligen Rahmen werden. Aus einfachem Glas bastelt er eine Scheibe und paßt sie ein. Später erzählt er seinen

Kindern immer wieder von jenem Tag, an dem ihm das Licht geschenkt wurde und von der Freude, die er damals gespürt hat. Sie nehmen das Glas in Augenschein, durch das das Licht fällt, verbessern es, stellten neue Fensterscheiben her, durch die das Licht noch ungebrochener scheinen kann. Und sie betrachten das Licht.

Die Kinder erzählen später ihren eigenen Kindern, was sie gelernt haben. Wieder beschäftigen sie sich gemeinsam mit dem Glas und verfeinern es; wieder setzen sie neue Scheiben ein. Ihre Kinder erzählen es wiederum ihren Nachkommen und so weiter. Nach vielen Generationen haben die Nachfahren des Entdeckers das Fenster fast perfektioniert. Aber sie studieren weiter daran herum. Das Licht ist noch immer bei ihnen, aber sie sind zu sehr mit dem Fenster beschäftigt, um das zu bemerken.

Das Licht des Wortes

Wie das Fenster für den Höhlenmenschen in unserer Geschichte, so sind die Worte der Bibel ein kostbares Geschenk für uns. So schön sie auch sind: Ihr Wert liegt nicht so sehr in ihnen selbst als in jenem Ausblick auf unermeßliche Weiten, den sie eröffnen. Sie sind ein Fenster, Mittel zu einem Zweck. Manchmal habe ich den Eindruck, wir modernen Christen haben den Weg der Nachkommen des Höhlenmenschen eingeschlagen. Wir haben uns so sehr auf das Fenster fixiert – die *Worte* der Schrift –, daß wir oft den Blick für das klare Licht verloren haben, das dieses Fenster offenbart. Wir haben zu oft die Bibel zum Selbstzweck gemacht.

Tatsächlich ist die Bibel für glaubende Menschen ein großes Geschenk und eine Kraftquelle, wenn sie aus der richtigen Perspektive gesehen wird – als ein *Mittel*, als einen Teil des viel umfassenderen und fortdauernden göttlichen Plans, sich uns mitzuteilen. Die Bibel ist ein Geschenk, weil sie über sich selbst hinaus verweist auf eine persönliche Beziehung mit dem Vater. Das wichtigste Anliegen der Bibel ist es, den *Glauben* der Menschen zu nähren. Der Glaube ist das Ziel. Aber die Bibel produziert nicht schon *per se* Glauben. Sie ist nicht einmal Vorbedingung für den Glauben; sie ist Dienerin des Glaubens.

Die Bibel als Fenster zur Erkenntnis
Albrecht Dürer, Hieronymus im Gehäus

Die Bibel will einen persönlichen Dialog mit Gott anstoßen und fördern; Gehorsam als Antwort auf das Hören des Wortes; eine starke Hoffnung, daß seine Gegenwart in uns und durch uns am Werk ist; vertrauensvolle Gemeinschaft mit unseren Mit-Glaubenden. Die Bibel kann ihr Ziel nur erreichen, wenn sie diejenigen herausfordert, inspiriert, zusammenführt und versöhnt, die ihre Weisheit suchen. Wer diese Wahrheit mit Entschiedenheit ergreift und durch sie verändert wird, der kann mit der Bibel frei und angemessen umgehen. Alle anderen werden sie dazu mißbrauchen, ihren eigenen „religiösen" Zwecken zu dienen.
Die Bibel als Selbstzweck hört immer mehr auf, ein Geschenk zu sein; sie wird vielmehr im Raum des Gesetzes und der Pflichterfüllung gefangengehalten. Dort wird sie dann in der Regel nicht mehr dazu benutzt, eine Verheißung zu *be*schreiben, als vielmehr eine Art einliniges Denk- und Verhaltensprogramm *vor*zuschreiben.
Ein Großteil der protestantischen Christen neigt zu dieser Art, die Bibel zu benutzen, so wie ein Großteil der katholischen Tradition gegenüber der Kirche diese gesetzliche Mentalität pflegt. Aber Bibel wie Kirche dürfen in Wahrheit nur als *Mittel* dienen. Wenn sie zum Selbstzweck werden, maßen sie sich eine unangemessene Autorität an, die zu einer Art Götzendienst werden kann. So bringen sie eine Art „automatische Religion" hervor, eine Schar von Gläubigen, die nicht mehr auf Dialog, wirkliches Hören, Versöhnung und Verstehen angewiesen sind. Die Geschichte hat mehr als genug von dieser Sorte Religion produziert.
In der gesamten Geschichte können wir sehen, wie die Kraft der Heiligen Schrift – ihre „überschwengliche Kraft" (2. Kor. 4,7) – von Menschen aller Konfessionen mißverstanden und mißbraucht wurde, weil sie mit dieser Kraft nicht umgehen konnten. In meinen mehr pessimistischen Augenblicken frage ich mich, ob nicht der Umgang mit Gottes Wort mehr Schaden als Nutzen angerichtet hat. Ich frage mich, ob die Bibel nicht mehr Mißverständnis als Verständnis geschaffen hat. Wir haben erlebt, wie sie dazu benutzt wurde, Völker und Konfessionen zu spalten, Kriege und Vorurteile zu rechtfertigen, Schwache zu unterdrükken, Hoffende zu entmutigen und Andersgläubige zu verdammen.

Viel zu oft sind die heiligen Gottesworte zur Durchsetzung von Eigeninteressen verwendet worden – anstatt als Einladung zum Leben. Sie wurden als billige Kontrollmechanismen benutzt – anstatt als Fenster zur Freiheit. Sie wurden zum Schlaghammer, um andere niederzumachen, zum Schweigen zu bringen oder zu verurteilen. Auf subtile Weise wurde aus der Macht des Geistes weltliche Herrschaft. Deshalb sind wir auf der Hut!
In unserer Zeit tun wir uns schwer, heiligen Worten zu trauen – und denen, die sie benutzen. Schon Jesus erlebte in seiner Zeit, wie sich dieses Mißtrauen zusammenbraute. Seine schonungslosesten Worte behielt er jenen vor, die es verursacht hatten: *„Weh euch, Schriftgelehrte und Pharisäer, ihr Heuchler! Ihr versperrt den Menschen den Zugang zum Himmelreich. Ihr kommt selber nicht hinein und laßt auch die nicht hinein, die hinein wollen“* (Matth. 23,13).
Und doch sehnen wir uns nach dem Reich Gottes, und wie! Viele von uns spüren den inneren Drang, den eigenen Glauben zu vertiefen. Wir merken immer mehr, daß wir das nur schaffen, wenn wir zu einer biblischen Sicht zurückfinden – also zu jenen alten heiligen Worten und Bildern. So suchen wir bei allem Argwohn weiter, in der Hoffnung, durch die Schrift hindurch zu einem wirklichen Glaubens-Dialog mit Gott zu gelangen. Dabei beten wir darum, daß auch wir selbst der Versuchung entgehen, die heiligen Worte wiederum unseren eigenen Zwecken zu unterwerfen.

Arten, die Schrift zu gebrauchen

Bevor wir die Diskussion darüber fortsetzen, mit welchen Problemen ein heutiger Bibelleser zu kämpfen hat, eine Klarstellung: Ich möchte nicht behaupten, daß jedes eifrige Studium der Bibel zu Verzerrungen führt. Das stimmt einfach nicht. Im Gegenteil: Gründliche Auseinandersetzung mit der Bibel hat im Leben der Kirche mehrere sehr notwendige Funktionen. Dies sind jedoch *begrenzte* Funktionen. Sie bleiben nur so lange legitim, wie sie nicht den Anspruch erheben, der *einzige* – oder auch nur der *wesentlichste* – Gebrauch der Schrift zu sein. Zum Beispiel:
* Das sogenannte *Lehramt* der römisch-katholischen Kirche benutzt die Bibel, um nachzuweisen, daß gewisse dogmatische

Aussagen solide mit der Tradition verbunden sind – oder zumindest nicht im Widerspruch zur Tradition stehen. *„Die Aufgabe, das Wort Gottes in seiner schriftlichen oder mündlich überlieferten Form authentisch auszulegen, kommt ausschließlich dem lebendigen Lehramt der Kirche zu, dessen Autorität im Namen Jesu Christi ausgeübt wird. Das Lehramt steht nicht über dem Wort Gottes, sondern dient ihm. Es lehrt nur das, was überliefert ist, hört darauf in Demut, schützt es mit Sorgfalt und erklärt es getreu, gemäß dem göttlichen Auftrag und mit Hilfe des Heiligen Geistes“* (Vaticanum II, *Dei Verbum*, Abs. 10).
Als beispielsweise das Zweite Vatikanische Konzil als zentrales Bild für die Kirche das „Volk Gottes“ einführen wollte, griff es auf ein Zitat aus dem 1. Petrusbrief zurück, um zu zeigen, daß es sich um keine neue oder unwesentliche Lehre handelt: *„Ihr seid das auserwählte Geschlecht, ein königliches Priestertum, ein heiliges Volk, eine Gemeinde, die Gott gehört... Ihr wart einst nicht sein Volk. Jetzt aber seid ihr Gottes Volk“* (1. Petr. 2,9–10).
Das kirchliche Lehramt weiß, daß es seine Autorität letztlich nicht auf seine Rolle und sein Amt gründen kann, sondern auf das Wort Gottes hören muß, wie es in Jahrhunderten immer wieder neu gehört wurde. Die Kirche kann auf die Autorität des Wortes Gottes zurückgreifen, aber sie muß sich auch unter das stellen, was das Wort wirklich sagt. Zu diesem Zweck braucht die Kirche die Theologie.
* Die *Theologen* bemühen sich darum, die Schrift zu verstehen, die Tradition zu erklären und bisweilen neu zu deuten. Sie untersuchen Schrift und Tradition kritisch, weil sie immer wieder danach suchen, wie die Schrift so erschlossen werden kann, daß sie in die gegenwärtige Situation hineinspricht. Theologen müssen die Freiheit haben, literarisch und historisch so zu arbeiten, daß sich die Frucht ihrer Arbeit auch mitteilen und diskutieren läßt. Ohne solchen Dialog trägt theologische Erkenntnis nicht dazu bei, daß unser Verstehen wächst. Wir würden nur vor dem Chaos völlig widersprüchlicher Ansichten stehen.
Auch der Theologe muß also diszipliniert mit der Schrift umgehen, ebenso wie das kirchliche Lehramt. Er muß aber auch die Freiheit haben, mehr zu sein als nur der Papagei lehramtlicher Aussagen. Die Theologin und der Theologe müssen die Schrift benutzen, um uns beim Verstehen offizieller Kirchenlehre behilflich zu sein, ein herrschendes Verständnis der Lehre zu kritisie-

ren oder das kulturell bedingte Verständnis der Kirchenlehre in einer bestimmten Generation neu zu akzentuieren oder zu erweitern.
Deshalb hat es zu allen Zeiten eine notwendige, aber oft auch schöpferische Spannung zwischen Theologen einerseits und den Bischöfen bzw. dem Lehramt andererseits gegeben. Viele Katholiken wissen beispielsweise nicht, daß *Thomas von Aquin* von den Bischöfen seiner Zeit mehrfach verwarnt wurde und 1270 der Verurteilung durch *Etienne Tempier*, dem Bischof von Paris, anheimfiel.
Auf jeden Fall darf ein Theologe wie *Karl Rahner* die Heilige Schrift benutzen, um der Kirche zu sagen, daß sie ihrem Wesen nach eine kleine Schar ist, fremd und zerstreut auf der Erde. Er benutzt die Bibel, um Grundmuster aufzuzeigen und die zukünftige Ausrichtung der Heilsgeschichte anzudeuten. Rahner spricht mit Autorität, weil seine Lehre sowohl geschichtlich verankert als auch zukunftsweisend ist. Er kann der Kirche sagen, daß es in Ordnung ist, wenn sie klein und angefochten ist. Ohne solche theologische Lehre könnte die Kirche ihr Selbstverständnis niemals vertiefen, und auch nicht ihre fortschreitende Beziehung zu Gott selbst. Aber wie profitieren wir anderen von der theologischen Gelehrsamkeit? Dazu braucht die Kirche die Katechese.
* *Katecheten* befassen sich mit der Schrift – und mit den Aussagen des Lehramts und der Theologen – um den Glauben der Kirche an die einzelnen Gläubigen weiterzugeben. Ihre Rolle besteht allerdings nicht darin, die dogmatischen Sätze der Kirchenleitung oder die neuesten theologischen Erkenntnisse an den Mann und die Frau zu bringen. Katecheten müssen die Arbeit anderer zusammenfassen und sie auf eine Weise weitergeben, die wiederum mit Schrift und Tradition übereinstimmt. Das muß so lebendig sein, daß es von heutigen Zeitgenossen gehört und verstanden werden kann. Katecheten müssen die Schrift vergegenwärtigen. Dazu brauchen sie eine gute Theologie und einen echten Sinn für die Tradition.
* Schließlich braucht die Kirche alle Menschen, die beten und die Schrift lesen. Die Bibel ist immer und für uns alle ein Gebetbuch. Aber als Beter benutzen wir die Bibel wieder anders als das Lehramt, eine Theologin oder ein Katechet. Im Gebet

nähern wir uns der Schrift nicht in erster Linie analytisch, kritisch oder historisch, sondern *empfänglich*. Wir wollen auf das Wort Gottes hören. Im Gebet wollen wir nicht einfach über die Tradition nachdenken, korrekte theologische Aussagen von uns geben oder Gott anpredigen. Sicherlich wollen wir dabei unsere Intelligenz eingeschaltet lassen, aber zugleich müssen wir auf unseren Körper, unsere Gefühle, unsere Erinnerungen und unsere Vorstellungskraft hören. Jedes Mittel, das uns beim Hören hilft, ist recht.

Im Gebet ist das wörtliche Verständnis der Bibel nur der Einstieg. Von hier aus schreiten wir vielleicht zu jenen Bildern und Assoziationen weiter, die das Gelesene bei uns persönlich auslöst. Das ist wichtig, denn unsere ureigensten Interpretationen und Vorstellungen sind echte Dialog-Punkte zwischen Gott und dem Beter oder der Beterin, Punkte, an denen wir uns ausstrecken nach Gott und spüren, wie er sich ausstreckt nach uns.

In der Regel allerdings eignen sich die Einsichten solcher Augenblicke nicht dazu, verbindliche Lehre der gesamten Kirche zu werden. Eine Beterin ist keine Lehrerin, eine Lehrerin ist keine Theologin – und das heißt einfach: Die Hand ist nicht der Fuß, der Fuß nicht das Auge. Alle diese Arten, die Schrift zu gebrauchen, sind nötig und gut. Jeder braucht die anderen, um ganz zu sein. Gemeinsam dienen sie dem Glauben des ganzen Leibes Christi. Ohne diesen Blick aufs Ganze muß es allerdings zur geistigen Verwirrung kommen, wobei jede Gruppe sich selbst mehr Autorität anmaßt als ihr zukommt. Ohne den Blick für das Ganze – und ohne jenes Staunen und jene Demut, die diesen Blick begleiten – verkommt die Bewahrung der Tradition zu einer erstarrten Ideologie, die Theologie zu leerem Intellektualismus, Katechese zu purer Indoktrination und das Gebet zu ritualisierter Intoleranz.

Wir erleben all das auch heute in gewissem Maße. Unter unseren religiösen Intellektuellen – sofern sie zu der mehr säkularisierten und rationalen Sorte gehören – gibt es einige, die sich nicht als ganze Person fallen lassen können im Gebet, und die mit einer gewissen Verachtung auf die herabblicken, die das können. Sie leben vom Kopf her. Sie suchen in der Bibel logische Antworten. In der anderen Ecke stehen die schlichten, frommen Beter und wehren sich gegen das, was ihnen als unnötige Intellektualisierung des Evangeliums erscheint. Sie leben vom „Bauch“ her. Sie suchen in der Schrift nach einfachen Antworten, eindeutigen Wahrheiten. Weder Rationalisten noch Fundamentalisten können zugeben, daß sie nicht das *ganze* Bild erfassen. Kommt es zum Konflikt, geben sie einander die Schuld. In Wirklichkeit haben beide Unrecht:

Die Rationalisten müssen den Schritt aus dem Kopf heraus wagen und lernen, warm, gefühlvoll und persönlich zu beten, so daß es sie nicht von anderen trennt, sondern Einheit schafft. Die Fundamentalisten müssen ihren Kopf einschalten und lernen, geduldig und tolerant zu beten, so daß es ebenfalls Einheit schafft. Rationalisten müssen ihr Bedürfnis nach erschöpfendem logischen Verstehen und nach Absicherung aufgeben, Fundamentalisten ihren Wunsch nach Sofort-Antworten. Beide müssen es lernen, sich dem *Geheimnis* zu öffnen.

Beide – und wir alle, die wir irgendwo zwischen den beiden Lagern stehen – müssen lernen, die Schrift wieder neu als Fenster zum Reich Gottes zu sehen, wo sich ein überreiches Geheimnis entfaltet, aber einfache Lösungen selten gefunden werden. Natürlich müssen das Lehramt, die Theologen und die Katecheten die Bibel mitunter als Antwortbuch benutzen. Aber um das zu können, müssen sie sich erst ihrem Geheimnis beugen. Wir alle müssen zuerst das Wort zu uns reden lassen, bevor wir es wagen, über das Wort zu reden. Und das ist, wie wir sehen werden, eine schwierige Forderung an den modernen westlichen Menschen.

Die Bibel als Synthese

Ob es uns paßt oder nicht: Wir alle sind Kinder einer säkularen und rationalen Gesellschaft. Diese Tatsache ist zunächst ein Hindernis, wenn es darum geht, die Schrift so zu verstehen, wie sie selbst sich versteht – was aber die einzige Art ist, sie fruchtbar zu verstehen.

Seit der Renaissance sind wir Menschen hingebungsvolle Analytiker geworden. Wir haben gelernt, alles, was wir begreifen wollten, erst einmal zu zerlegen und zu zergliedern, weil wir meinten, wenn wir die Einzelteile verstehen, dann verstehen wir das Ganze. Um eine Wirkung zu erklären, mußten wir auf die Suche nach der Ursache gehen. Hatten wir sie gefunden, erklärten wir die Sache für „verstanden". Für die meisten von uns wurde *Analyse* ein Synonym für *Denken*. Die jüdischen Schreiber der Bibel jedoch sehen die Dinge anders. Sie zogen die Synthese der Analyse vor. Sie waren ganzheitlicher, wenn auch weniger „wissenschaftlich", als wir es sind. Für sie stand außer Zweifel, daß das Universum ein sinnvolles Ganzes darstellt, das nicht auseinandergenommen werden kann. Sie nahmen nicht an, wie wir Modernen es tun, daß es reicht, die Ursachen zu kennen, um die Wirkungen völlig zu erklären.

Modernes Management-Denken schließlich lehrt uns, daß wir, um ein Problem ganz zu verstehen, es erweitern müssen und nicht reduzieren dürfen. Langsam lernen wir wieder, daß wir nichts ohne seinen größeren Zusammenhang verstehen können. Die jüdischen Patriarchen und Propheten würden sich darüber wundern, wie lange wir brauchen, um das wieder zu entdecken, was für sie so elementar war. Sie *wußten* z. B., wie die meisten Völker des Altertums, daß das Universum den Himmel, die Erde und die Unterwelt einschließt, mit Gott im Mittelpunkt. So einfach war es für sie, so umfassend. Nimmt man es auseinander, zerstört man das Wesentliche. Niemand und nichts existiert unabhängig für sich allein. Alles hängt mit allen zusammen. Alles ist eins in Gott.

Natürlich spiegeln die Schriften der Juden diese ganzheitliche Sicht wider. Wie anders ließe sich jene verwirrende Mischung aus Kompliziertheit und Einfachheit erklären, die sich in der Bibel findet? Aber weder das Komplexe noch das Einfache lassen sich gegeneinander ausspielen, wenn das Ganze angemessen verstanden werden soll. Fünfzehnhundert Seiten, gefüllt mit jüdischer Geschichte und jüdischem Mythos, mit der spannungsvollen Bilderwelt von Krieg und Frieden, Liebe und Haß, Vertrauen und Rebellion, schaffen es schließlich irgendwie, eine klare und einfache Wahrheit zu verkünden: Gott bleibt immer treu. Seine Kinder bleiben immer schwach. Aber die Gnade bringt beide zusammen.

Angesichts dieser breit angelegten Vision müssen wir auf der Hut sein davor, die Bibel einfach als Beweismittel oder als Munition für verbale Schlachten zu benutzen. Wir müssen die Gefahr sehen, Teile vom Ganzen zu isolieren, und unsere ganze Theologie auf einige wenige Passagen aufzubauen anstatt mit der gesamten Schrift und Tradition verantwortlich umzugehen. Die heilige Schrift läßt sich nur synthetisch verstehen, wenn sie überhaupt verstanden werden soll. So viele unnötige Streitereien und Mißverständnisse gehen auf unsere Versuche zurück, aus der Bibel Antworten auf Fragen herauszupressen, die sie selbst gar nicht stellt. Wenn wir darauf beharren, ganzheitlich denkenden Menschen analytische Fragen zu stellen, kommen am Ende in der Regel *unsere* Antworten dabei heraus, nicht ihre.

Genau das ist weitgehend geschehen. So lange die Christen in ihrer Geschichte die Energie darauf gerichtet haben, die Bibel zu analysieren und „vernünftig“ zu machen, hat dies zu einem Verlust an Kraft und Vollmacht in der Kirche und bei den einzelnen Gläubigen geführt. Indem wir angenommen haben, die Bibel ließe sich rational verstehen, haben wir ihr Geheimnis geleugnet und ihre eigentliche Stärke untergraben. Nun begreifen wir langsam, daß uns mehr ganzheitliche, nicht-rationale Formen des Wissens viel mehr bereichern. Aber wir haben Angst. In diesem neuen Universum, das sich vor uns auftut, sind wir unmündige Babys. Wenn wir unsere Vernunft hintanstellen, verlieren wir die Illusion, alles im Griff zu haben im Umgang mit diesen heiligen Worten und Bildern. Anstatt zu kontrollieren, werden wir kontrolliert. Die Worte Jesu erschrecken uns: *„Der Wind weht, wo er will. Du hörst sein Brausen, aber du kannst nicht sagen, woher er kommt oder wohin er weht. Genauso ist es mit allen, die vom Geist geboren sind“* (Joh. 3,8).

Eine wahrhaft geisterfüllte Bibellektüre wird oft als eine Art Kontrollverlust erlebt. Wir wissen nicht, woher die Kraft kommt, oder wohin sie uns führt. Beeinflußt von unserer modernen säkularisierten und rationalen Gesellschaft, sind wir immer versucht, die Schrift mit unserem Verstand zu bändigen, um alles im Griff zu behalten. Aber die Schrift läßt sich nicht „meistern“, wie *Luther* sagt. Dies zu versuchen hieße, das Wirken Gottes da zu ersticken, wo es wirklich kraftvoll ist.

Heilige Worte erfüllen ihre Aufgabe nur dann, wenn wir ihnen erlauben, Staunen, Sehnsucht und Gehorsam in uns auszulösen. Sie fordern von uns Hingabe, bevor sie ihre Kraft freigeben. Das ist für uns problematisch.

In Amerika z. B. sind wir mit einer ausgesprochenen Abneigung gegenüber Hingabe erzogen worden. Man hat uns beigebracht zu dominieren, zu herrschen, zu gewinnen – jedenfalls nicht, uns zu unterwerfen. Außerdem haben wir Schwierigkeiten damit, Worte ohne unmittelbar einleuchtende Funktion zu verstehen. Worte sind für uns da, um Fragen zu beantworten, um zu klären und zu erklären. Selten sind wir herausgefordert, den eigentlichen Unterschied zwischen Wörtern in einem Kochbuch und heiligen Worten zu begreifen. Deshalb neigen wir dazu, auch die Bibel in erster Linie funktional zu verstehen: wir benutzen sie, um unsere religiösen Fragen zu beantworten, theologische Spitzfindigkeiten zu erörtern und Gott zu erklären.

Aber Gottesworte haben einen anderen Sinn, als vernünftig erklärt zu werden. Es sind Worte, die uns über sie selbst hinausführen in eine Erfahrung der Wahrheit, damit *die* Wahrheit *unsere* Wahrheit wird. Solche Worte kann man nicht einfach benutzen. Sie haben ihren Platz im persönlichen, nicht-funktionalen Bereich. Um *Martin Bubers* berühmte Unterscheidung auszuleihen: Man kann mit solchen Worten in keine „Ich – Es“-Beziehung treten, weil sie eine „Ich – Du“-Antwort fordern. Sie sind lebendig. Wir müssen auf sie hören und uns von ihnen bewegen lassen. Wir können sie nicht einfach daherreden oder benutzen. Wir müssen ganz bei ihnen sein. Wir müssen uns diesen Worten aussetzen und ihnen erlauben, uns zu hinterfragen und herauszufordern.

Dies ist ein Haupthindernis für den modernen Menschen, der glauben möchte. Ich meine, das muß direkt angesprochen werden. Wenn heute Glaube tiefer werden oder auch nur überleben soll, dann müssen wir einen Ausweg aus unserer funktionalen Falle finden. Es gibt einige Auswege. Ich möchte ein paar Konzepte mitteilen, die mir geholfen haben.

Der Dienst der Propheten und Patriarchen im Alten Testament und der Dienst Jesu im Neuen Testament unterschieden sich von den meisten heutigen kirchlichen Dienstleistungen in einer sehr wichtigen Hinsicht: diese Menschen widerstanden konsequent der Versuchung, relevant und unmittelbar hilfreich zu sein. Jesus und die Männer und Frauen der Bibel waren ganz gewiß keine Problemlöser.

Zur Illustration mag folgende Episode aus dem 12. Kap. des Lukasevangeliums dienen: Ein Mann aus der Menge kommt zu Jesus und sagt: „*Meister, sag meinem Bruder, er soll mir meinen Anteil an unserem Erbe geben.*" Jesus antwortet: „*Mein Freund, wer hat mich zu eurem Richter gemacht oder zum Erbteiler über euch eingesetzt?*" Dann fährt Jesus fort und präsentiert drei Gleichnis-Bilder: Vom reichen Mann, der größere Scheunen baut, von den Lilien auf dem Feld und von den Sklaven, die treu auf die Rückkehr ihres Meisters von einem Hochzeitsfest warten.

Jesus weigert sich, das angesprochene Problem zu lösen. Statt dessen bietet er dem Mann Bilder für die größeren Möglichkeiten des Lebens an. Ich nenne sie *Durchbruchs-Bilder;* es sind gleichsam Ikonen des Geheimnisses und dessen, was möglich ist. Sie beenden nicht den Suchprozeß, wie es eine Lösung täte, sondern sie machen uns neugierig und laden uns zu einer tieferen Suche ein.

Jesus wußte wie alle religiösen Meister, daß Hoffnung nicht dadurch geweckt und erhalten wird, daß Probleme gelöst werden, sondern dadurch, daß sich verborgene Türen auftun. Es wird immer Probleme geben. Sofort-Lösungen schaffen lediglich neue Probleme. Am Ende wird die Problemlöserei zu einem selbstzerstörerischen ewigen Kreislauf. Jesus liebte und achtete seine Jüngerinnen und Jünger genug, um sie nicht mit platten Antworten abzuspeisen. Statt dessen zeigte er ihnen Bilder von unbegrenzten Möglichkeiten – *Ikonen der Hoffnung*.

Solche Bilder sind tatsächlich wie Ikonen. Man soll sie nicht in erster Linie ansehen, sondern durch sie hindurchsehen. Sie wollen nicht studiert werden, sondern erfahren, nicht analysiert, sondern innerlich aufgenommen. Wir sollen uns ihnen nicht auf der Suche nach Erklärung nähern, sondern auf der Suche

danach, wie wir Gott anbeten können. Wenn wir ihnen so begegnen, dann führen sie uns in das Herz Gottes hinein.
Wir tun uns und Gott keinen Gefallen, wenn wir diese Ikonen durch Erklärungen ersetzen, selbst wenn es gute Erklärungen sind. Erklärungen haben keine Kraft. Stattdessen können wir viel von einem einfachen mexikanischen Bauern lernen, der in Ehrfurcht erstarrt vor der Jungfrau von Guadalupe knien kann, von einem orthodoxen Mönch, der ein Leben lang vor der Ikone sitzt und „nichts weiß", von einem alten deutschen Mütterchen, das unaufhörlich den Rosenkranz beten kann und nie erwartet, daß ihr „Warum?" beantwortet wird. Diese Menschen haben einen biblischen Glauben. Sie sind fähig, die Bibel zu „benutzen."

Die Bibel als Koan

Es sei mir gestattet, eine Anleihe bei der Sprache und Weisheit des Ostens zu machen, um ein weiteres wertvolles Konzept zu erklären. Ein Hauptziel des Zen-Meisters besteht darin, seine Schüler zu zwingen, das Vertrauen auf ihre bloße Vernunft fahren zu lassen. Zu diesem Zweck gibt er ihnen einen *Koan*, ein Rätsel oder paradoxes Problem, mit dem sie sich beschäftigen sollen. Z. B.: „Welche Farbe hat die Tür des Tempels, wenn der Schäfer seine Ziegen selber melkt?" Ein Koan schlägt jeder Logik ins Gesicht und erschüttert nach langer Zeit der Kontemplation das rationale Denksystem. Der Schüler lernt, „die Sache zu leben", sich selbst und seinen Zwang zur logischen Einordnung zu vergessen – und schließlich sogar den Koan. Am Ende bleibt nur ein neues und unaussprechlich tiefes Bewußtsein übrig. Der Schüler *weiß*, aber versteht nicht. Er *braucht* nicht mehr zu verstehen. Der Koan hat seine Schuldigkeit getan und seinen Zweck erfüllt.
Ich fand dieses Konzept vor einigen Monaten sehr hilfreich, als ich einen Kurs über die Propheten hielt. Tag für Tag setzte ich meinen Studenten neue und aufregende Bilder aus den Schriften der Propheten vor. Die Studenten begannen die Einsichten der Propheten zu bewundern und über ihre exzentrischen Züge zu staunen. Ich war mir aber nicht sicher, ob sie die Leidenschaft und Kraft der prophetischen Erfahrungen wirklich nachvollzie-

hen konnten. Sie schienen mit dem Verstand zu verstehen, ohne wirklich zu *wissen.*

Bei der Kursvorbereitung hatte ich gemerkt, daß an verschiedenen Stellen im zweiten Teil des Jesaja-Buches scheinbar widersprüchliche Bilder merkwürdig dicht nebeneinander stehen. Kapitel 42 z. B. stellt Gott abwechselnd als herannahenden Kriegshelden dar und gleich daneben als gebärende Frau, die in ihren Wehen schreit und stöhnt (Jes. 42, 13–14). Das ist verwirrend: Gott offenbart sich anscheinend als mächtig und machtlos, triumphierend und leidend zugleich.

Das zweite „Gottesknechtslied" (Jes. 49,1–6) stellt den Geliebten Jahwes als einen elend Gescheiterten dar: *„Ich habe mich vergeblich abgemüht"*, klagt er, *„ich habe mich umsonst erschöpft."* Aber dann wird dieser Preisgegebene plötzlich ein *„Kind an der Brust"*, ein *„Sohn des Mutterleibes"*, dessen Name in *„Jahwes Handflächen eingezeichnet"* ist (Jes. 49, 14–15). In Jesaja 54 wird die unfruchtbare Frau mit einer großen Kinderschar in Verbindung gebracht. In Kap. 55 wird Armut als ein Festmahl geschildert, in Kap. 58 Zerbrochenheit als Ganzheit. Kap. 61 vereinigt Trauer und Freude in einem einzigen Augenblick, Kap. 63 Zorn und Erbarmen. Das letzte Kapitel des Jesaja-Buches schließlich schildert Gott in einer gewaltigen weiblichen Bildersprache: *„Nun könnt ihr euch satt trinken an ihrer tröstenden Brust euch laben und schlürfen vom Reichtum ihrer herrlichen Mutterbrüste"*. (Jes. 66,11)

Mir wurde plötzlich klar, daß die Kraft dieser Passage nicht so sehr darin liegt, das eine oder andere Bild zu verstehen, sondern darin, beide *gleichzeitig* anzuschauen. Die Kraft liegt im Paradox. Es handelt sich tatsächlich um biblische Koans – Koans, mit deren „Lösung" sich ein Großteil der Kirche noch immer schwertut.

Diese spannungsreichen Bilder gestatten keine rasche Befriedigung. Sie lösen nicht automatisch religiöse Gefühle aus. Sie lassen uns vielmehr unbefriedigt und zwingen uns so, uns weiter auszustrecken, um unsere Gotteserfahrung tiefer zu erfassen und zu integrieren. Sie lehren uns, mit der Vieldeutigkeit zu leben und zu begreifen, daß unser menschliches Verstehen angesichts der ewigen Wahrheit begrenzt ist.

Solche Koans rufen uns nicht zur Pflichterfüllung; sie peinigen und quälen uns vielmehr in eine *Beziehung* hinein. Wenn wir es

riskieren, uns dieser Qual zu stellen, dann fühlen wir uns plötzlich von Gott verführt.
Ich legte die biblischen Koans meinen Studenten vor. Alle, die die Spannung lang genug aushielten, um weiter zu hören, hatten ohne Ausnahme eine Art erleuchtendes „Aha-Erlebnis"; sie erlebten ein Ergriffenwerden, das den Namen „heilig" verdient. Das war keine Frucht von Studium und Denkarbeit. Es war jenes Geschenk, das sich einstellt, wenn wir uns selbst erlauben, das Geheimnis auf uns wirken zu lassen. Plötzlich wurde die Bibel zur Dialogpartnerin anstatt zum geistigen Exerzierplatz.

Gebet um Unschuld

Das eigentliche Geheimnis und der Schlüssel zu den verborgenen Türen der Schrift heißt Glaube. Diese Ikonen, diese Koans, diese heiligen Worte wollen *geglaubt* werden. Sie sind transzendent und transparent zugleich. Wir sollten unsere Suche nach einer tieferen Erfahrung der Schrift mit der Bitte um den Geist des Glaubens und der Unschuld beginnen, um das Geschenk einer „zweiten Naivität". Wir müssen unsere vielgerühmte Bildung und Klugheit beiseite legen und uns der Schrift in einer Haltung der Hingabe nähern. Anders wird sie uns niemals wirklich bereichern. Mögen wir Theologen, Religionslehrer, Pfarrer oder Nonnen sein – wir sind keine *Glaubenden*, bevor wir uns nicht unter die Kraft und das Geheimnis dieser Worte stellen.
Diejenigen, die in ihrer Dunkelheit und Verwirrung geduldig warten und ihre Lage anzunehmen lernen, anstatt sie zu verfluchen, diejenigen, die die Schrift mit Ehrfurcht, Staunen und Demut betrachten – das sind die, die bereits auf dem einzig möglichen Weg sind, sich dem Heiligen zu nähern. Sie sind es, die beim Lesen der heiligen Worte Gott selbst begegnen werden.
Ich ende mit einem Gebet aus dem *Sufismus*, einer mystischen islamischen Bewegung:

Was ich nicht sehen soll, laß mich nicht sehen.
Was ich nicht hören soll, laß mich nicht hören.
Was ich nicht wissen soll, laß mich nicht wissen.
Geliebter, ich bin mit beidem zufrieden:
Mit deinem Reden und mit deinem Schweigen.

Gottes Schweigen ist noch wichtiger als Gottes Reden. Unser Schweigen auch.

Zum Weiterlesen:

Barth, Hermann und Schramm, Tim: Selbsterfahrung mit der Bibel. Ein Schlüssel zum Lesen und Verstehen. Göttingen, Vandenhoeck & Ruprecht, 2. Aufl. 1983.
Lubkoll, Hans-G. und Wiesnet, Eugen: Wie liest man die Bibel? Eine Gebrauchsanweisung für Neugierige, Anfänger und Fortgeschrittene. Berlin, CZV Verlag. 1982.
Schultz, Hans-Jürgen (Hrsg.): Sie werden lachen – die Bibel. Erfahrungen mit dem Buch der Bücher. München, dtv-TB, 1985.

LET IT BE
Maria und die Protestanten

„When I find myself in times of trouble
Mother Mary comes to me,
Speaking words of wisdom, let it be.
And in my hour of darkness
She is standing right in front of me,
Whispering words of wisdom, let it be ...“[1]
Die Beatles

„Von nun an werden mich seligpreisen
alle Geschlechter“ *Luk* 1,48

Das größte Problem, das der Katholizismus mit Maria hat, besteht darin, daß sie niemals römisch-katholisch war, sondern ein einfaches jüdisches Mädchen. Das noch größere Problem, das der Protestantismus mit Maria hat, besteht darin, daß sie „nur“ eine Frau ist – und nicht Gott.

Beide Male beschäftigen wir uns mehr mit „Religion“ als mit echter Weisheit. Beide Male versuchen wir, unsere Sache für Gott großzumachen, anstatt zuzulassen, daß Gott seine Sache für uns großmacht. Beide streitenden Parteien haben furchtbare Angst vor dem Weiblichen in Gott. Katholiken würden Maria gerne behalten, aber sie sollte dabei süßlich und unwirklich bleiben – und gerade so nicht-weiblich. Protestanten sind sich nicht sicher, ob sie Maria überhaupt haben wollen. Eigentlich ist sie eher ein peinliches Hindernis bei der sehr ernsten Aufgabe, die Welt zu retten und zu verändern.

Maria scheint auf den ersten Blick nicht in die Befreiungstheologie zu passen; sie hat auch den Prozeßtheologen sicherlich nichts zu sagen, da ihr Leben keinen besonders beeindruckenden Prozeß bietet; für die Theologie der Hoffnung ist sie zu altmodisch; und traditionelle evangelische Theologie lehnt es ab, sich

1 Wenn ich manchmal in Schwierigkeiten bin, kommt Mutter Maria zu mir und spricht Worte der Weisheit: Laß gut sein! In meinen dunklen Stunden steht sie direkt vor mir und flüstert mir Worte der Weisheit zu: Laß gut sein!

überhaupt mit ihr zu befassen – es sei denn so, daß sie als offensichtliches Symbol katholischer Exzesse und Verirrungen herhalten muß. Weshalb aber weigert sich der Hauptstrom katholischer und orthodoxer Theologie ebenso hartnäckig, sie fallen zu lassen und sieht sie stattdessen als merkwürdig zentral an?

Ich habe den Verdacht, daß es etwas damit zu tun hat, wie sich Erkenntnis und Leben an Menschen weitervermitteln. Ich denke, Gott weiß es; die Geschichte aber hat gezeigt, daß wir selbst es größtenteils nicht wissen. Gott kennt sein „Produkt"; er weiß, daß er die Menschen *„nach seinem Bilde"* geschaffen hat, *„nach dem Bilde Gottes, ... als Mann und Frau"* (1. Mos./Gen. 1,27). Gott *brauchte* Maria, um sein eigenes Wesen dem Menschen Jesus zu vermitteln. Und Gott *braucht* Maria noch immer, um einem Großteil der Menschheit ein vollständigeres Gottesbild mitzuteilen. Alle Generationen der Kirche erfaßten das intuitiv; aber während der letzten vierhundert Jahre haben wir intuitive Erkenntnis immer mehr verdrängt. *C. G. Jung* würde sagen, daß wir einen Teil unseres kollektiven Unbewußten abgespaltet haben; *Karl Stern* würde davon reden, daß wir „poetische Erkenntnis" zugunsten „wissenschaftlicher Erkenntnis" und damit das Weibliche zugunsten des Männlichen verleugnet haben; *Erich Fromm* würde darauf hinweisen, daß der westliche Mensch funktionales „Haben"-Wissen, das man in Gestalt von Wörtern „besitzen" kann, vorzieht, anstatt „ganz" oder weise zu *sein.* Ich würde sagen, daß wir das Evangelium verfälscht haben: Wir haben das fleischgewordene Wort genommen und es mit Druckerschwärze aufs Papier zurückverbannt, wo wir es analysieren, diskutieren und unter Kontrolle halten können. Die spezifisch katholische Gestalt dieses Prozesses hat zu *Legalismus*[1] geführt. Die spezifisch protestantische Gestalt zeigt sich entweder als *Rationalismus*[2] oder als *Fundamentalismus*[3] (die beiden Enden desselben Spektrums!). Aber all das ist nicht lebenschaffend. Alle diese Ansätze verhindern, daß Gottes Wort lebendig, persönlich und echt wird. Sie alle haben vor dem Angst, wovor Maria keine Angst hatte: vor der Inkarnation.

1 Gesetzlichkeit
2 Ansicht, daß die Vernunft die höchste Instanz ist
3 Glaube an die Unfehlbarkeit der Bibel, die in allem wörtlich „recht hat."

Diese Spaltung zwischen Leben und Glauben zeigte sich im Lauf der Geschichte auf viele verschiedene Weisen; aber keine ist bedauerlicher als das Unvermögen des Christentums, das Weibliche und das Männliche in Gott – und damit in unserem eigenen Menschsein! – zusammenzubringen. Das Ergebnis war eine über-rationale, verkopfte Religion, eine körper-lose Moral, die sich vor Gefühlen, Berührung und Sexualität fürchtet, eine Kirche, die sich selbst als wohlorganisierte Heils-Anstalt verstanden hat und ein Kirchenvolk, das sich ständig mit fertigen Ergebnissen beschäftigen mußte, anstatt in einem lebendigen Wachstumsprozeß zu lernen. Als Ergebnis haben wir eine Religion ohne zwischenmenschliche Beziehungen ohne die „Gemeinschaft der Heiligen." Wir haben ein System statt einer Sozietät, Kommerz statt Kommunion, wir sind Experten der Sachzwänge und ihrer Beherrschung – anstatt Experten der Hingabe. So etwas geschieht in einer mutterlosen Kirche. Ich verstehe, weshalb die Kirchenväter Maria die „Zerstörerin aller Häresien"[1] genannt haben. Häresien sind immer Teilwahrheiten. Unser vermännlichter Gott und unsere vermännlichte Kirche werden immer das weibliche Korrektiv brauchen. Es gibt wohl nur einen Weg, der Eva in uns zu vergeben: indem wir Maria in unsere Kirche lassen.

Es ist kein Zufall, daß charismatische Gebetsgruppen, die eine stille, aber tiefe Marienverehrung praktizieren, am wenigsten anfällig für den Fundamentalismus sind. Ich und andere haben das immer wieder beobachtet und konnten uns zunächst keinen Reim darauf machen. Aber jetzt scheint mir die Sache klar zu sein: eine Kirche, die sich selbst als Familie versteht, hat Zeit für eine Mutter und findet Hirn-Trips und ideologische Spitzfindigkeiten langweilig. Sie muß den Fundamentalismus weder bekämpfen noch fürchten; sie braucht ihn einfach nicht – weil da schon viel zu viel wirkliches Leben ist!

Dies ist jener Teil der katholischen Synthese, die der Protestantismus niemals wirklich verstanden hat. Der Katholizismus hat sich in der Geschichte normalerweise als eine Art zu leben, als eine Sub-Kultur verstanden, in der die tiefsten inneren Bedürfnisse der Menschen durch ein ziemlich vollständiges, ausgeklügeltes Bezugs-System angesprochen wurden. Maria spielt darin

1 Häresie = Ketzerei

eine wichtige Rolle. Die Mutter der Kirche symbolisiert die katholische Einheit. Die Mutter-Rolle besteht darin, eine Familie als Familie zusammenzuhalten, und zwar so, daß das auf den ersten Blick gar nicht bemerkt wird – das ist die besondere Macht eines Symbols! Deshalb hat übrigens die katholische Theologie der Sakramente immer betont, daß Symbole nicht nur Zeichen für etwas sind, sondern wirkliche Kraftquellen – mitunter sogar mehr als andere, „offensichtliche" Kraftquellen. Marias Rolle in der Kirche ist daher verborgen, aber wesentlich. Eine Illustration dafür sehen wir im Bericht des Johannes-Evangeliums von der Hochzeit zu Kana. (Joh. 2,1 ff.).

Henry Adams nannte die aggressive, protestantische Geschichtsepoche das „Zeitalter des Dynamos". Diese Epoche ist weniger durch ihre Vorurteile gegen das katholische Mittelalter gekennzeichnet als dadurch, daß sie es einfach nicht versteht. Das katholische Symbol-System, das auf tiefe kollektive Ur-Bilder zurückgeht, erweist sich für seine wahren Anhänger als zutiefst heilend, war aber der religiösen Erfahrung der Protestanten nie zugänglich.

Was Adams ganz angemessen das „Zeitalter der Jungfrau" nennt, ist für den pragmatischen Rationalisten oder Fundamentalisten nur schwer zu begreifen. Es ist ein völlig anderes Heils-Verständnis. *Michael Novak* versucht, sich folgendermaßen der Sache zu nähern: „Die Jungfrau weiß, was es bedeutet, einen Sohn zu verlieren. Sie weiß, was Leiden ist. Sie kennt die Grenzerlebnisse der Geburt, des Leidens und des Todes ... Die Einstellung der Jungfrau ist nah verwandt mit dem Ursprung des künstlerischen Genies, der Kontemplation, des Gebets, des Spiels und des Seins. Es ist natürlich wahr, daß Taten geschehen müssen, daß Gesellschaften zu verändern sind und das Reich der Gerechtigkeit zu errichten ist. Aber wir gelangen dorthin nicht auf dem Weg, den wir vielleicht vermuten: durch unermüdliche Aktion und Arbeit. Der Weg ist viel bescheidener, stiller und bedachter – aber viel wirkungsvoller."

Das Zeitalter der Jungfrau verstand sich auf die „höfische Minne", auf eine Liebe, die verzichten konnte, auf die schöpferische Lebenshaltung des Zölibats, *Dantes* Liebe zu *Beatrice* und die Liebe des heiligen *Franz* zu Frau Armut und zur heiligen *Klara*. Nur eine Kirche, die lange genug das paradoxe Bild einer

Mutter-und-doch-Jungfrau betrachtet hat, konnte zu einer solch reifen Sicht von Liebe gelangen, die sich hingibt und doch zugleich verzichtet. Jenes Zeitalter, das kontemplative Orden hervorgebracht hat, Bauwerke wie Chartres und Notre Dame, Kunst, Musik, Drama, Bildhauerei – war eine Epoche, die Zeit hatte für das Weibliche. Etwas Spielerisches, Poetisches, Intuitives und Kreatives umgab jene Generationen, die Maria seliggepriesen haben. Sie förderte buchstäblich das Beste im Manne zu Tage, so wie sie Christus aus ihrem Leib hervorgebracht hatte.

Karl Stern zeigt in seinem Buch „Die Flucht vor der Frau", was mit Einzelnen und mit Gesellschaften geschieht, die das Weibliche fürchten und die Synthese vermeiden. In Kürze gesagt: Sie verlieren sich in ideologischen Gedankenspielen und starren Systemen, wie man an der fundamentalistischen Denkweise sehen kann. Maria konnte zulassen („Let it be!"), sie konnte warten. Sie konnte Gott erlauben, im menschlichen Fleisch empfangen zu werden, ohne daß sie Worte der Erklärung oder Schriftstellen zum Beweis brauchte. Der Fundamentalist und der Legalist jedoch müssen die Wirklichkeit zurechtstutzen, im Griff behalten und verdrehen, bis sie in sein begrenztes momentanes Verständnis irgendwelcher Worte paßt. In diesem Zusammenhang versteht man auch das, was die „protestantische Arbeitsethik" genannt wurde. *Erich Fromm* versucht, dies Phänomen in seinem Buch „Haben oder Sein" zu erklären:

„Die Gesellschaften sind entweder nach dem patrizentrischen (oder patriarchalischen) oder dem matrizentrischen (oder matriarchalischen) Prinzip organisiert...

Diese zwei Prinzipien, das weiblich-mütterliche und das männlich-väterliche, sind nicht nur ein Ausdruck der Tatsache, daß jeder Mensch männliche und weibliche Elemente in sich vereinigt; sie entsprechen dem Bedürfnis jedes Menschen nach Gnade *und* Gerechtigkeit. Die tiefste Sehnsucht der Menschheit scheint einer Konstellation zu gelten, in der beide Pole (Mütterlichkeit und Väterlichkeit, weiblich und männlich, Gnade und Gerechtigkeit, Fühlen und Denken, Natur und Intellekt) in einer Synthese vereinigt sind, in der beide Pole ihren Antagonismus verlieren und statt dessen einander färben. Während eine solche Synthese im Patriarchat nicht voll verwirklicht werden kann, existierte sie bis zu einem gewissen Grad in der römisch-katholischen Kirche. Die Jungfrau Maria, die Kirche als alles liebende Mutter, der Papst und der Priester als mütterliche Figuren repräsentierten die mütterliche, bedingungslose, alles verzeihende Liebe – Seite an Seite mit den väterlichen Elementen einer straff organisierten patriarchalischen Bürokratie, an deren Spitze der Papst mit Macht regiert.

Luther etablierte in Nordeuropa eine rein patriarchalische Form des Christentums, die sich auf den städtischen Mittelstand und die weltlichen Fürsten stützte. Das wesentliche dieses neuen Gesellschafts-Charakters ist die Unterwerfung unter die patriarchalische Autorität, wobei *Arbeit* der einzige Weg ist, um Liebe und Anerkennung zu erlangen."[1]

Martin Luther, der so tapfer gegen die „guten Werke" der Katholiken gekämpft hat, würde sich im Grabe umdrehen, wenn er wüßte, daß er zum Teil eine noch viel subtilere Form von Leistungsreligion inspiriert hat. Die Katholiken hatten ihre Päpste, aber die Protestanten machten die Bibel zum „papierenen Papst" und versuchten, Rechtfertigung dadurch zu erlangen, daß sie recht hatten und Schwerarbeit dafür leisteten, recht zu behalten. Maria dagegen verkörpert all das, was Gott für die Menschheit tut. Ihre Rechtfertigung ist reines Geschenk. Sie ist passiv vor Gott und gerade so im höchsten Maße aktiv. Sie ist Mutter, weil sie zuvor Jungfrau ist, und bringt als solche den ganzen Christus zur Welt. Maria ist in sich selbst „ganz". Deshalb konnte ihr die menschliche Seite der Zeugung des Sohnes anvertraut werden. (Die katholische Auffassung, daß sie dazu fähig war und gerade deshalb „ganz" war, wird mit dem mißverständlichen Begriff „Unbefleckte Empfängnis" ausgedrückt). Gäbe es Maria nicht, so müßten wir fragen, wie Gott Jesus so vollständig in seiner Männlichkeit hätte schaffen und dabei das Prinzip der Inkarnation so hätte achten können. Jetzt aber können wir uns vorstellen, wie *Janie Gustavson* in ihrem Buch „Celibate Passion" (Zölibatäre Leidenschaft) ganz richtig argumentiert, daß Maria sehr wahrscheinlich die „geistliche Führerin" Jesu war. Wie sonst hätte er als Mann so unverklemmt mit dem Weiblichen zurechtkommen können – so sehr, daß er als ganzer Mann, dennoch ohne Frau zölibatär leben konnte!

1 Erich Fromm, Haben oder Sein, dtv-TB, S. 140f.

Kirche als Familie
Michelangelo, Madonnenstudie

In diesem Zusammenhang ist es interessant, daß *C. G. Jung* die Dogmatisierung der Aufnahme Mariens in den Himmel im Jahre 1950 für die bedeutendste theologische Aussage dieses Jahrhunderts hielt – weil dieses Dogma nämlich implizit die Anerkennung des Weiblichen in Gott enthält. Jung sprach nicht als Theologe, sondern als Psychologe, der sich mit dem menschlichen Wesen und den menschlichen Bedürfnissen befaßt (in der Inkarnation hat Gott übrigens dasselbe getan!). Aber die, die nur Schriftstellen zitieren konnten, konnten schon damals die fleischgewordene Wirklichkeit nicht fassen, als sie kam: *„Ihr lernt die Schriften, weil ihr glaubt, in ihnen das ewige Leben zu finden; diese Schriften zeugen von mir, und dennoch weigert ihr euch, bei* mir *das Leben zu suchen"* (Joh. 5,39–40).
Wer gegen die Fleischwerdung des Christentums ist, der wird auch eine vorhersagbare Reihe katholischer Lehren ablehnen: Maria, die Eucharistie, die Sakramente und oft auch eine positive Anthropologie. Sogar der Teufel, der für ewige Zeiten die demütige Fleischwerdung Gottes haßt, liebt Maria nicht, wie jeder erfahrene Exorzist bezeugen kann!
Gerard Manley Hopkins sagt, daß die selige Jungfrau Maria nur mit der „Luft, die wir atmen" verglichen werden kann. Sie ist alles und zugleich ist sie nichts. Unmöglich? Unglaublich? Und doch sollen durch sie *„die geheimen Gedanken der Vielen offenbar werden"* (Luk. 2,35). Auf uns liegt die Last, die scheinbaren Gegensätze miteinander zu versöhnen. Gott macht uns heil und ganz. Wenn es Maria nicht gäbe – eine heile Kirche, ein „heiliges Volk" müßte sie sozusagen erfinden. Gott sei Dank für Gott! Er hat zuerst daran gedacht!

Zum Weiterlesen:
Ben-Chorin, Schalom: Mutter Mirjam. Maria in jüdischer Sicht. München dtv-TB, 1982.
Benko, Stephen: Protestanten, Katholiken und Maria (wissenschaftlich). Hardebek, Eulenhof-Verlag.
Boff, Leonardo: Ave Maria. Das Weibliche und der Heilige Geist. Düsseldorf, Patmos-Verlag/CVK. 1985.
Fromm Erich, Haben oder Sein. Die seelischen Grundlagen einer neuen Gesellschaft. München, dtv-TB, 1979.

DAS GLOCKENKURVEN-PRINZIP
Vom Mythos der Gemeinschaft

Vorbemerkung: *Im Mai 1981, anläßlich des ersten Deutschland-Besuchs von Richard Rohr, traf er im Pfarrhaus von Wetzhausen (Unterfranken) mit einer Gruppe von Christen zusammen, die alle auf die eine oder andere Weise auf der Suche nach der Erneuerung des christlichen Gemeinschaftslebens waren. Drei Tage lang war man beisammen, um sich auszutauschen und um von Richard Rohrs Erfahrungen in seinem Gemeinschafts-Experiment „New Jerusalem" zu lernen. Die Gruppe bestand aus dem Pfarrersehepaar* Lucia *und* Dieter Koller *aus Wetzhausen, die vor Ort damit begonnen hatten, mit anderen verbindliche Gemeinschaft zu leben;* Knut Grønvik *aus Norwegen, dem Leiter der Land-Kommunität „Fredens Bolig"; Pfarrer* Andreas Ebert *vom Lorenzer Laden in Nürnberg; dem damaligen Theologiestudenten* Martin Wirth *und dem Medizinstudenten* Martin Voll.
Es soll hier versucht werden, die wesentlichen Aussagen des Referats von Richard Rohr zu rekonstruieren. Dabei bin ich so vorgegangen, daß ich Fragen an den Referenten und Ergänzungen der Gruppe nicht als solche gekennzeichnet habe, sondern versucht habe, sie in den Text stillschweigend einzuarbeiten. Gewisse Sprünge und Exkurse lassen sich also auf die damals sehr lebendige Gesprächssituation zurückführen. A. E.

Auf der menschlichen Ebene – ganz abgesehen vom Werk des Heiligen Geistes – ereignet sich Gemeinschaft, wenn Menschen es lernen, miteinander zu kommunizieren. Kommunikation muß und kann man erlernen. Der Glaubensstandard einer Gemeinschaft kann sich nur stabilisieren und weiterentwickeln, wenn das geschieht. Das klingt zunächst sehr humanistisch und psychologisch, aber es ist dennoch wahr. Natürlich kann *Glaube* da sein. Aber zur Glaubens-*Gemeinschaft* kann es erst kommen, wenn man fähig ist, sich einander mitzuteilen. Wir haben in der Vergangenheit – gerade auch ihr Protestanten – den Glauben viel mehr betont als die Gemeinschaft. Die gelebte Gemeinschaft des Glaubens ist auch nach 2000 Jahren Kirchengeschichte noch immer unterentwickelt. Deshalb können wir nur auf wenige

Vorbilder zurückgreifen. Oft haben wir die Frage nach unserem *gemeinsamen* Glauben vermieden, indem wir formale Autoritäten, Dogmen, Gesetze, Strukturen und Traditionen vorgeschoben haben. Heute nun erleben wir, wie das alles nicht mehr trägt, sondern vor unseren Augen zerfällt. Deswegen müssen wir nach einer freien, menschlichen Weise suchen, unser Innerstes miteinander zu teilen.

Nach dem ersten stürmischen Aufbruch von *New Jerusalem* im Jahre 1972 verbrachten wir die ersten fünf Jahre einfach damit, ganz menschliche Qualitäten zu entwickeln wie zum Beispiel Beziehungsfähigkeit und Kommunikationsfähigkeit. Unsere Hauptfrage damals war: „Was ist echte Beziehung?" Es ging uns dabei nicht um spannungsfreie Harmonie, sondern um die Fähigkeit, mit Spannungen umzugehen.

Zwischenmenschliche Beziehungen haben ihre Eigengesetzlichkeit. Man muß nicht erst gesagt bekommen: „Jesus sagt, das geht so und so" oder „die Bibel sagt, so muß man das machen." Denn alle Menschen wissen intuitiv, worum es geht. Wir wissen, wann wir respektiert werden, wann uns wirklich zugehört wird, wann uns vertraut wird. Und wir wissen, wann wir manipuliert werden. Deswegen haben wir uns zu Beginn viel Zeit genommen, um über all das zu reden und einen eigenen Umgangsstil miteinander zu entwickeln.

New Jerusalem ist eine Glaubensgemeinschaft. Wenn man ihr erstmals begegnet, erlebt man sogleich diese neue Art, miteinander umzugehen, die menschlich anziehend ist. Sie ist annehmend und bejahend, aber zugleich wird Kritik zugelassen. Es wird akzeptiert, daß wir uns selbst und einander herausfordern. Das gilt nicht als Beleidigung. Daß man das darf, so etwas muß einem allerdings laut und vernehmlich gesagt werden. Sobald es erlaubt wird, entsteht bereits eine neue Atmosphäre.

Wenn eine Gemeinschaft auf den Weg der Nachfolge Christi geführt werden soll, dann darf man nichts als selbstverständlich voraussetzen. Man muß alles aussprechen. Dabei haben wir gemerkt, daß Gemeinschaft der einzige Weg ist, um Ideologien zu durchbrechen. Die meisten Kirchen begnügen sich damit, darüber zu streiten, wer recht hat und wer nicht. Solche ideologischen Streitereien drehen sich meist im Kreis und führen nirgendwo hin. Sie sind selbstbestätigend – aber zugleich selbstzerstörerisch. Wenn man dagegen versucht, wirklich gemeinsam zu leben, dann tauchen ganz andere Fragen auf, die mit Ideologie nichts zu tun haben. Wenn wir versuchen, einander wirklich *zuzuhören,* dann spielt es keine Rolle, ob ihr Lutheraner seid und ich Katholik. Wenn ich euch manipuliere und ihr mich, dann läßt sich das nicht theologisch und theoretisch lösen.

Gemeinschaft ist der einzige Weg, um die Kirche „aus dem Kopf ins Fleisch zu ziehen", wie wir das gerne ausdrückten. Eine andere unserer stehenden Redewendungen war: „Im Fleisch passiert's!". Das Wort wurde Fleisch. Deshalb muß das Christentum im Fleisch bleiben, um echt zu sein.

Unser nächstes Motto nach einigen Jahren lautete: „Das Leben teilen". Kirche ist gemeinsames, geteiltes Leben. Das ereignet sich nur da, wo es auch eine gemeinsame *Vision* gibt. Ohne die Fähigkeit, unser Leben *und* unsere Vision miteinander zu teilen, kann sich Kirche nicht ereignen. Du mußt an meinem Innersten teilhaben können und ich an deinem Innersten – oder wir sind nichts als eine Ansammlung von Einzelkämpfern, die einander zwar „tolerieren", sich aber nicht aufeinander einlassen.

Im traditionellen christlichen Gemeinschafts- und Ordensleben wurde der *andere* eher als ein Hindernis auf dem geistlichen Weg angesehen, weil es so schwierig war, ihn zu lieben – anstatt den Christus, der mir hilft, Gott zu finden. Andere Menschen wurden noch in meiner religiösen Erziehung vor allem als Versuchungen und Stolpersteine auf dem Weg betrachtet. Ich wurde bestenfalls *trotz* des anderen Christ, aber nicht *wegen* ihm und *durch* ihn. In echter christlicher Gemeinschaft, wo wir lernen, unsere Träume, Schwächen, Gebete, Gefühle und unser Herz miteinander zu teilen, haben wir Anteil an der Christus-Werdung des anderen. Wir können, wie Luther sagt, *„einander zum Christus werden"*. Das ist wahr: Wir bringen einander näher zu Gott. Wir sind wie Spiegel füreinander, die sich gegenseitig die Illusionen zeigen, die wir über uns selbst haben – aber auch, wenn wir lange genug hineinsehen, unsere Schönheit. Das allerdings braucht viel Zeit. Das eigentliche Zeichen dafür, daß Gott bei einem Menschen angekommen ist, ist *Treue* in zwischenmenschlichen Beziehungen. Wenn wir treu zueinander stehen, dann begegnen wir schließlich Christus im anderen, aber zugleich begegnen wir unserer eigenen Sündhaftigkeit.

Nachdem wir das alles lange eingeübt und uns Zeit dafür gelassen haben, kommt nun eine mehr nach außen gerichtete, aktive Phase. Denn jetzt sind wir fähig, Konflikte und Spannungen besser auszuhalten, ohne daß das all unsere Kraft verbraucht. Viele Gemeinschaften, die diese Kommunikationsfähigkeit nicht gründlich erlernt haben, gehen buchstäblich an ihren Meinungsverschiedenheiten zugrunde. Heute befassen wir uns in New Jerusalem mit El Salvador, mit der wahnsinnigen Hochrüstung und damit verbunden zum Beispiel mit Handlungsmöglichkeiten wie der Steuerverweigerung. Es geht aber nicht nur um diese Themen, sondern auch um Strategien, wie wir als Christen damit umgehen können. Gerade über Strategien kann man sich heillos zerstreiten. Wir versuchen, eine gemeinsame Grund-Vision zu finden; aber wir haben auch die Freiheit, unterschiedliche Meinungen über den Weg nebeneinander stehenzulassen.

Das „katholische" Element der Kirche (nicht konfessionell gemeint, sondern im Sinne ihrer Universalität) kann nur zum Tragen kommen, wenn die Kirche Pluralismus und Pluriformität zuläßt. Gott hat verschiedene Typen und Temperamente geschaffen, konservativere und liberalere, vorsichtigere und risikofreudigere, extravertiertere und introvertiertere. Man kann nur dann eine gute Gemeinschaft werden, wenn man ein gutes Stück Unterschiedlichkeit zuläßt. In vielen Kirchen, wahrscheinlich auch im deutschen Protestantismus, sind allerdings der Individualismus und der Pluralismus eher zu weit gegangen. Im traditionellen Katholizismus dagegen herrschte ein Konformismus vor, in dem es keine freie Entfaltung des Einzelnen gab.

Wie nun kommt es zu einer gemeinsamen Vision? Ich habe vor einiger Zeit ein Modell oder Prinzip entdeckt, das sehr interessant und hilfreich ist, um all das zu verstehen. Es ist das sogenannte *Glockenkurven-Prinzip*. Erschreckt nicht: es stammt aus dem amerikanischen Management-Training. Aber ich habe versucht, es weiterzuführen und sozusagen zu „taufen."

Ich habe dieses Schema von Leuten gelernt, die Hunderte von Gruppen und Gemeinschaften soziologisch untersucht haben, und die dabei gewissen gesetzmäßigen Stadien auf die Spur gekommen sind, die alle diese Gruppen durchlaufen haben.

In jeder Beziehung zwischen zwei oder mehr Menschen und in

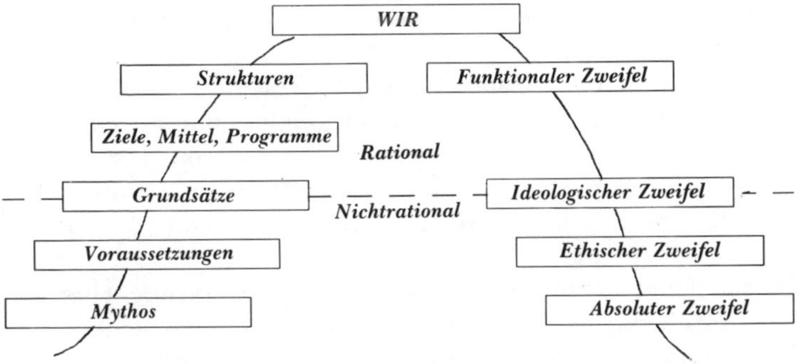

jeder Gemeinschaft gibt es ein Moment, das ich das ***Wir-Moment*** nenne; es ist jener Augenblick, wo offenbar alle eins und glücklich sind. Das ist der Gipfel der Kurve. Jeder sagt: „Das ist es. Wir haben die Antwort. Mehr brauchen wir nicht." Dieser Zustand, der meist nur kurz anhält, ist charakterisiert durch die Abwesenheit jeglichen Zweifels.
Aber schon kurz nach diesem Moment wird sich mit absoluter Sicherheit bei wenigstens einem der Beteiligten das einstellen, was ich den ***Funktionalen Zweifel*** nenne. Das sind die ersten kleinen Wölkchen, die das schöne Wetter trüben. Sie betreffen nicht das Ganze, aber zum Beispiel die Art und Weise, wie etwas gemacht wird: „Warum treffen wir uns mittwochs statt freitags? Warum beten wir zwei Stunden lang? Warum sitzen wir im Kreis anstatt hintereinander?" Diese Art von Fragen tauchen jedenfalls sehr bald auf.
Kurz danach stellt sich – wieder erst bei einer Person oder wenigen Personen – der ***Ideologische Zweifel*** ein. Man zweifelt an der Gruppen-Ideologie: „Muß man unbedingt in Zungen reden? Andere Christen kommen doch auch ohne dieses ganze charismatische Zeug aus!" Die charismatische Ideologie wird also zum Beispiel in Frage gestellt. Schließlich wird die ganze Gruppe von ideologischen Zweifeln befallen.
Der nächste Schritt vollzieht sich sehr schnell. Es ist der Schritt zum ***Ethischen Zweifel***. Hier beginnt der Klatsch. Man redet hinter dem Rücken übereinander. Man mißtraut einander. Angst beherrscht die Atmosphäre, weil das System nicht mehr trägt und auseinanderzufallen droht. Wir verletzen einander. Die anderen werden zu Feinden. Sie zerstören unser schönes

Wir. In dieser Phase können Menschen sehr gemein über andere denken und reden.
Schließlich folgt der ***Absolute Zweifel***. Es ist der Zustand völliger Entfremdung. Es gibt kein Wir mehr, sondern nur noch mich auf der einen Seite und „die da" auf der anderen. Das ist der tragische Punkt, wo nichts mehr da ist, was einen zusammenhält, wo Ehen geschieden werden, wo man sich nicht mehr in die Augen sehen kann, wo alles aus ist.
Dieser Punkt ist entweder das Ende – oder die Wende. Hier nun wird es theologisch: Es handelt sich um das Geheimnis von Kreuz und Auferstehung. Denn genau hier kann sich der Durchbruch ereignen. Leider verbringen viele Menschen ihr Leben da unten, anstatt durch den Tod hindurchzugehen zum Leben.
Die einzige Möglichkeit, den Zweifel zu überwinden, ist der Glaube. Um den Tod durchzustehen, braucht man einen Glauben, der stärker ist als der Tod. Menschen ohne Glauben versuchen, den Tod zu verdrängen. Sie wollen diesen letzten Schritt verhindern und den Niedergang aufhalten. Sie beschwören die gute alte Zeit oder versuchen mit allen Mitteln, das, was einmal war, wenigstens als Fassade aufrecht zu erhalten. Vor dem Konzil zum Beispiel versuchte man in der katholischen Kirche, die Gläubigen durch Uniformität künstlich beim ***Wir*** und somit bei der Stange zu halten. Mit Gesetzen und Traditionen kann man das lange Zeit schaffen. Aber die Menschen, die davon betroffen sind, bleiben unmündig und unreif. Damit Menschen reifen und wachsen können, muß man ihnen erlauben, zu zweifeln. Nur wirklicher Glaube kann den Zweifel ertragen und schließlich überwinden.
Nun kommen wir zum wichtigsten Punkt. Der Tiefpunkt ist zugleich der Punkt, an dem sich neues Leben ereignen kann. Man muß sich das ganze Bild als Sinus-Kurve vorstellen, denn dieser Prozeß von Tod und Auferstehung wiederholt sich in gewisser Weise ständig. Auf der Zeichnung könnte es daher jetzt auch rechts weitergehen. Die Fortsetzung findet sich aber in unserem Falle auf der linken Bildhälfte, also da, wo die „Glocke" anfängt.
Die entscheidende Frage heißt, wie wir vom toten Punkt des totalen Zweifels zur Auferstehung kommen, wie wir einen entfremdeten Menschen zurückbringen können auf den Weg des

Glaubens. Denn das ganze Schema bezeichnet nichts anderes als diesen Weg, den Einzelne und Gemeinschaften fortwährend durchlaufen. An diesem Punkt geht es um das, was ich *Re-Mythologisierung* nenne.

Der Tiefpunkt ist zugleich der Punkt des ***Mythos***. Dieser Begriff ist wahrscheinlich in Deutschland durch *Rudolf Bultmann* in Mißkredit geraten. Deshalb will ich erklären, was gemeint ist. Im gesamten Schema ist dies der Ort, an dem die größte Kraft und Energie schlummert. Ein Mythos ist die gemeinsame Vision, der gemeinsame Traum, die gemeinsame geschichtliche Erfahrung einer Gemeinschaft. Einer allein kann keinen Mythos haben. Der Träger eines Mythos ist eine Gemeinschaft, angefangen bei einer Zweierbeziehung bis hin zu einer Groß-Gemeinschaft wie der Kirche. Ein Mythos vermittelt sich durch *Symbole*.

Eine Zwischenbemerkung: Die obere Hälfte des Schemas über der gestrichelten Linie ist *rational*. Je weiter wir nach unten kommen, desto *nicht-rationaler* (das heißt aber nicht: irrationaler!) wird es. Die entfremdete Person befindet sich im nicht-rationalen Raum. Ein Mensch, der sich zum Beispiel von der lutherischen Kirche entfremdet hat, wird nicht dadurch zurückgewonnen, daß man ihm Luthers Theologie vernünftig erklärt. Aber diese Person könnte zurückfinden, wenn sie einer Gemeinschaft von Lutheranern begegnet, die offen, annehmend und liebevoll ist. Das gilt auch in einer Ehe. Wenn die Partner völlig zerstritten sind, nützen logische Argumente in der Regel nichts, um wirkliche Harmonie wiederherzustellen. Ein nicht-rationales Symbol wie ein Geschenk, eine Entschuldigung, eine Umarmung sind viel eher geeignet, die Entfremdung zu heilen. Mit nichtrationalen Problemen können wir nur nicht-rational umgehen. Mit rationalen Problemen dagegen *müssen* wir rational umgehen. Unbewußt handeln wir alle häufig nach diesem Prinzip. Die meisten Probleme sind allerdings nicht-rational!

Auch der Mythos ist zutiefst nicht-rational. Er vermittelt sich nicht durch vernünftige Erklärungen und Informationen, sondern durch ein Symbol-System. Der alttestamentliche Mythos vermittelte sich zum Beispiel durch das Erzählen einer Geschichte. Die Wiederholung und Nacherzählung der wunderbaren Geschichte Gottes mit seinem Volk bei jedem jüdischen Fest hält den Mythos lebendig. Er läßt sich nicht durch abstrakte deutsche Universitäts-Theologie lebendig halten. Am Passah-Fest muß das jüngste Kind die Frage stellen: „Warum ist diese Nacht so anders als andere Nächte?“ Der Vater hat Sandalen an und einen Stab in seiner Hand und erzählt nun die alte Geschichte vom Auszug aus Ägypten. Alles, was gesagt und getan und nachvollzogen wird, dient der *Vergegenwärtigung* des Mythos. Es geht darum, gleichsam dasselbe zu fühlen, was die Vorfahren gefühlt und erfahren haben: die Unterdrückung, den Aufbruch, die Befreiung.

Jesus hat den christlichen Mythos vom Passah-Fest abgeleitet. *„Am Abend vor seinem Leiden versammelte er die Seinen, nahm das Brot, dankte, brach es und gab es ihnen mit den Worten: Das ist mein Leib.“* Er hat uns dadurch ein Symbol-System geschenkt, um seinen Mythos, seine Geschichte, seinen Traum am Leben zu halten. Deshalb ist das Abendmahl so wichtig. Wenn man das Abendmahl wegläßt, gerät das Christentum in die Gefahr, zum rationalen Vernunft-System zu verkommen.

Eine gute, lebendige Liturgie, bei der alle beteiligt sind, ist der beste Weg, den Mythos zu vermitteln. Das haben mir Managementberater gesagt, die von Theologie keine Ahnung hatten! Eine ritualisierte, emotional gestimmte, multimediale Gemeinschaftserfahrung ist der Schlüssel! Nun kann es allerdings passieren, daß die Symbole nicht mehr der Wirklichkeit entsprechen, oder daß die Menschen nicht mehr in wirklichem Kontakt mit den Symbolen leben. Dann wird die Liturgie steif, kalt und mechanisch.

Jede Gruppe, die sich als wirkliche Gemeinschaft verstehen will, braucht einen Mythos! Und jede Gemeinschaft, die sich erneuern will, muß zu ihrem ursprünglichen Mythos zurückfinden. Das Zweite Vatikanische Konzil konnte nur deshalb so durchschlagen, weil es bis an die Wurzeln zurückging, zu den biblischen Quellen, zur gesamten Tradition.

Das Entstehen eines Mythos braucht Zeit. Man muß einen gemeinsamen Weg gehen, um so etwas wie eine gemeinsame Geschichte zu haben. Man muß miteinander und aneinander gelitten und zusammen gekämpft haben. Man braucht Erinnerungen, gemeinsame Geschichten, Erlebnisse. Man muß gemeinsam gescheitert sein und gemeinsame Siege errungen haben. All das gehört zusammen. Man muß einander verletzt haben – und man muß sich vergeben haben. Das braucht Zeit. Ein Mythos entsteht nicht in einem einzigen Jahr. Das gilt – wie alles – für Partnerbeziehungen, Freundschaften, Gruppen, Gemeinschaften. Es geht um die erste Liebe und ihr Weiterwachsen. In der Johannesoffenbarung wirft der Seher der Gemeinde von Ephesus vor: *„Du hast die erste Liebe verlassen"*. Das heißt: Du hast den Mythos verlassen.

Es ist wichtig, daß der Mythos und das Wir-Moment am Kurvenscheitel nicht identisch sind. Nach dem Wir geht es bald wieder bergab. Das Wir hat etwas gekünsteltes an sich. Es kann bestenfalls eine Art Initial-Zündung sein. Zum Mythos wird es erst dadurch, daß man eine Weile damit gelebt hat und im Nachhinein merkt, daß das der große Anfang war. Erst der gemeinsame Kampf und Weg schafft einen Mythos.

Es gibt einen Groß-Mythos, wie zum Beispiel den christlichen Mythos. Dann gibt es aber auch den speziellen Mythos einer Gruppe oder Gemeinschaft. Diese Gruppe bezieht ihre Kraft zum Teil daher, daß sie an diesem Groß-Mythos partizipiert. Der Leib Christi vor Ort ist eine spezifische Manifestation des gesamten Leibes Christi, der Kirche. Das ist der eigentliche Sinn des Begriffs „katholisch". Wenn man nur einen Gruppen-Mythos hat und sonst nichts, dann ist man nicht katholisch. Aber wenn der eigene Gruppen-Mythos mit dem universalen Glaubensweg der gesamten Kirche verbunden ist, dann ist das echte Katholizität.

Viele Menschen heute leben ohne echten Mythos, geschichtslos und wurzellos. Eine Gesellschaft, die so lebt, ist zum Scheitern verurteilt, weil sie nicht krisenfähig ist.

Der Weg von der Entfremdung zum echten Mythos ist nur gangbar, wenn jemand da ist, der die Symbole wiederbelebt, der die alten Geschichten erzählt, der daran glaubt, daß es so etwas wie Wahrheit und Sinn gibt. In dem Augenblick, in dem ein Mensch den alten Traum, den wahren Mythos wiedererkennt, erkennt er auch seine eigene Dunkelheit. Wer Christus begegnet, kann auch seine eigene Sünde sehen und bekennen. Das ist der Sinn der Beichte. Sie ist – richtig verstanden – der Ort, an dem sich diese Wende vom Tod zum Leben, vom absoluten Zweifel zum wahren Mythos ereignen kann. Deswegen schreibt *Bonhoeffer* in seinem Buch „Gemeinsames Leben", daß in der Beichte der alte Mensch stirbt. Er schreibt: *„Der alte Mensch stirbt, aber über ihn hat Gott gesiegt. Nun haben wir Anteil an der Auferstehung Christi und am ewigen Leben.“* Erst im Licht erkennen wir unsere Dunkelheit als Dunkelheit. Deswegen muß das Evangelium, die gute Nachricht, verkündigt werden.

Ein Mythos läßt sich mit Worten niemals vollständig beschreiben. Sobald man ihn erschöpfend definieren könnte, wäre es kein Mythos mehr. Und dennoch weiß eine echte Gemeinschaft, wer sie ist. Man weiß, wer dazugehört und wer nicht. Das ist eine Art gemeinsame Intuition. Wir wissen, wer diesen Mythos teilt und wer nicht. Aber wir wissen nicht so genau, worin dieses gewisse „Etwas“ jeweils besteht. Dennoch lassen sich bestimmte Elemente nennen: gemeinsame Zeit, Identifikation, das Wissen: das ist *meine* Geschichte – so wie die Juden an jedem Passah-Fest sagen: *„Wir* sind aus Ägypten befreit worden.“ Die Juden waren und sind Meister des Mythos. Der jüdische Mythos birgt eine ungeheuere Energie. Deshalb hat Jesus ihn aufgegriffen. Er baut darauf auf und lädt uns in diesen Mythos des Gottesvolkes ein. Es geht um denselben Weg in die Freiheit, den das jüdische Volk gegangen ist.

Wenn wir uns in unserem Schema vom ***Mythos*** aus nach oben bewegen, dann treffen wir auf einige Begriffe, die nicht besonders aufregend klingen, sondern eher nach Managementsprache. Es folgen die stillschweigenden ***Voraussetzungen***. Es geht um die ungeschriebenen Gesetze, die sich aus dem Mythos ergeben. Wenn man zum Beispiel den jüdischen Mythos nimmt, dann könnte man daraus die stillschweigende Annahme ableiten, daß es im Leben immer um die Fragen von Sklaverei und Befreiung geht – buchstäblich oder im übertragenen Sinne. Andere ziehen aber vielleicht ganz andere Schlüsse. Gemeinschaft läßt sich daher nicht allein auf einem Mythos aufbauen. Auch das, was sich für die Gemeinschaft aus ihrem Mythos ergibt, bedarf der Klärung. Oft geschieht es erst nach langer Zeit, daß Menschen in einer Gemeinschaft herausfinden, daß sie überhaupt nicht die gleichen Voraussetzungen haben.

Je weiter wir uns auf der Kurve nach oben bewegen, desto konkreter wird es. Und je konkreter es wird, desto mehr Leute werden aussteigen, weil sie sich damit nicht mehr identifizieren können. Deshalb begannen schon kurz nach der Auferstehung

Jesu die Streitigkeiten: Die einen setzten voraus, daß Jesus der jüdische Messias war und daß man deshalb Jude werden und sich beschneiden lassen mußte, um Christ zu sein. *Paulus* dagegen setzte voraus, daß Kreuz und Auferstehung das Ende des jüdischen Gesetzes waren und nun auch die Heiden zum Gottesvolk gehören konnten. Deshalb mußte man sich bald über die Konsequenzen einigen, die sich aus dem Mythos ergaben. So kam es zum ersten „Konzil" in Jerusalem. Das führt bereits zur nächsten Stufe: ***Grundsätze***. Es geht um das, was wir *tun* müssen, um unserer Identität treu zu bleiben. Im alttestamentlichen Gesetz steht immer wieder: „So etwas tut man in Israel nicht. Zum Gottesvolk zu gehören, das schloß einen sehr genau definierten Verhaltenskodex ein. Es geht dabei um die *conditio sine qua non* der Gruppenzugehörigkeit. Dabei bewegen wir uns übrigens immer weiter vom nicht-rationalen zum rationalen Bereich. Die Beschneidung der Juden oder die Taufe der Christen läßt sich zwar kaum rational begründen oder erklären, aber dennoch wird das theologische Nachdenken und die argumentative Begründung dessen, was man glaubt und tut, immer deutlicher.

Auf dieser Stufe formuliert die Kirche ihre Glaubensbekenntnisse. Sie enthalten die Minimal-Inhalte des Glaubens. Wer das nicht glaubt, der kann nicht dabei sein. Die Glaubensbekenntnisse kommen erst viel später als der Mythos. Der Mythos besteht in Tod und Auferstehung Jesu Christi. Erst in den nächsten Jahrhunderten werden dann von der Kirche Voraussetzungen und Grundsätze festgeschrieben. Die Glaubensbekenntnisse kommen zwar aus rationalen Überlegungen, aber ihre Kraft ist immer noch symbolisch: es ist die Kraft, Menschen zu einen, Identität zu schaffen. Man nennt deshalb die Glaubensbekenntnisse in der theologischen Fachsprache die „altkirchlichen Symbole". In gewisser Weise stehen sie genau zwischen dem rationalen und dem nicht-rationalen Bereich und versuchen, beide zusammenzuhalten.

Als nächstes folgen ***Ziele, Programme, Mittel***. Es geht zum Beispiel um Zeit, Personal, Geld, Räumlichkeiten. Und schließlich folgen spezifische ***Strukturen***. All das ist nötig. Jede lebendige Gemeinschaft muß diesen Weg nach „oben" gehen. Das Problem der westlichen Kirche ist allerdings: Wir beginnen gleich oben im rationalen Bereich. Der Kirchenvorstand trifft sich, wir sagen schnell ein „Vater Unser" und dann befassen wir uns ausschließlich mit Fragen, die die obere Hälfte der Kurve betreffen. Wir haben nur noch vage Vorstellungen von unserem Mythos und von dem, was wir eigentlich voraussetzen können. Wir tun so, als wäre das alles ganz klar und selbstverständlich. Und dann reden wir stundenlang über die Baupläne für das neue Pfarrhaus. Wir haben niemals miteinander geträumt, gebetet, geweint, gekämpft. Aber wir wollen gemeinsam das Reich Gottes bauen. Das ist von vorneherein zum Scheitern verurteilt.

Nun gibt es Menschen, die für den oberen Teil besonders begabt sind, wahrscheinlich in besonderem Maß die Deutschen. Im unteren, nicht-rationalen Teil sind die Charismatiker und Visionäre zu Hause. Unten sehen wir sozusagen die charismatische Kirche, oberhalb der Linie die institutionalisierte Kirche. Unten haben wir den Geist, oben das Fleisch. Beide Teile und beide Arten von Menschen sind notwendig, damit ein wirkliches „Wir" möglich wird! Oder wir könnten sagen: Unten haben wir *Jesus*, der uns die Vision des Reiches Gottes vor Augen malt und sie durch seinen Tod und seine Auferstehung verwirklicht. Er ist der Stifter des Mythos. Oben haben wir *Paulus*, der nun versuchen muß, diesen Mythos zu übersetzen und ihn in einer griechischen Großstadt wie Korinth mit Fleisch zu füllen. Deswegen schreibt er so viel über Gaben, Ämter, Dienste und andere praktische Fragen des Gemeindelebens.

Wenn man den Leuten aus der „oberen Etage" die Kirche überläßt, dann wird sie zu einer anonymen Institution mit all den bekannten Auswüchsen und Schwächen. Die katholische Kirche seit der Reformation ist weitgehend diesen Weg gegangen. Erst das Konzil hat wieder deutlicher zum Mythos zurückgefunden. In der charismatischen Bewegung erleben wir zum Teil das Umgekehrte. Da leben Menschen aus ihren nicht-rationalen Erlebnissen, weigern sich aber, den Weg nach oben zu gehen. Auch dadurch entsteht ein Kurzschluß. Leute, die niemals Ziele entwickeln, die sich nie mit den nüchternen, praktischen Realitäten auseinandersetzen und immer nur *high* sein wollen, brennen schnell aus. Die Kirche in Europa ist allerdings meiner Meinung nach vor allem in der *oberen* Hälfte gefangen. Tauchen intellektuelle Zweifel auf, dann versucht man, neue Ideen oder irgendwelche Programme zu entwickeln, die alle in der oberen Hälfte bleiben. Man schreibt weitere theologische Analysen. Man sammelt statistisches Material. Aber all das hat keine Kraft, wenn es nicht in wirklichem Kontakt mit dem Mythos steht. Die Massen wenden sich von solch einer Kirche ab – nicht, weil sie keine guten Ideen oder Programme hat, sondern weil sie in dieser Kirche keine Kraft und kein Leben finden.

Entfremdete bleiben entfremdet, bis ihnen jemand den Mythos verkündet und vorlebt. Viele haben nie mit Gott gekämpft, sind nie durch das Rote Meer gezogen, haben nie mit Jesus zu Tisch gesessen. Aber nur solche Erfahrungen können den Entfremdeten heimbringen. Man muß ihnen von Abraham und Jesus erzählen.

Man kann jahrhundertelang in der oberen Hälfte bleiben. Legalismus, Traditionen, Angst vor dem Abstieg – das sind die Mittel, die auch die Kirche immer wieder benutzt hat, um eine wirkliche „Reise“ unnötig zu machen. Den gesamten Weg können nur Menschen riskieren, die sehr frei sind oder die wirklich glauben. Wir müssen die Zweifler zulassen. Wenn wir Angst haben, die Kirche geht unter, weil jemand an der Transsubstantiations-Lehre zweifelt, dann müssen wir tatsächlich mit allen Mitteln versuchen, solche Zweifel zu verhindern. Wir verlieren dabei die Zweifler – anstatt Menschen zu gewinnen, die im Feuer des Zweifels gereift sind und mündige Christen werden könnten.

Übrigens versucht das jede Institution. Man schafft sich seine goldenen Kälber und Tabus, an denen niemand rütteln darf. Gott sei Dank kommt ab und zu ein echter Heiliger, der den Menschen erlaubt, schwach zu sein, zu sterben, „tapfer zu sündigen“, um *Luther* zu zitieren.

Manche Gemeinschaften lassen das Sterben zu – und sterben wirklich! Das hängt oft damit zusammen, daß sie es nicht lange genug miteinander ausgehalten haben. Management-Experten sagen, eine Gruppe, die sieben Jahre durchhält, hält auch 21 Jahre durch. Deswegen reden wir vom „verflixten siebenten Jahr“ in der Ehe. Der Mythos braucht Zeit, um tragfähig zu werden. Außerdem braucht man jemanden, der den Mythos weiter verkündigt. Das ist die Aufgabe der Predigt. Wenn niemand den Mythos verkündigt, dann verblaßt er. Wenn keine Rituale entwickelt werden, die den Mythos darstellen und vergegenwärtigen, dann verliert er an Kraft. Der gesamte Lebensstil der Gemeinschaft muß den Mythos ausdrücken. Die Verkündigung und Predigt spielt dabei eine nicht zu unterschätzende Rolle! Das war die Rolle der Propheten in Israel. Sie riefen das Volk immer wieder zurück zum Mythos, zum Anfang, zu Jahwe und seinen Gesetzen: *„Vergeßt nicht, wer ihr seid!“*.

Wir könnten sagen: In der unteren Hälfte sind die Propheten anzusiedeln, in der oberen die Lehrer und Theologen. Beide Gaben brauchen einander. Aber oft empfinden sie sich als gegenseitige Bedrohung.

Jedesmal, wenn eine Gemeinschaft diese ganze Kurve durchläuft und re-mythologisiert wird, sollte sie danach weiser sein als vorher. Dennoch wird sich der Prozeß auf den verschiedensten Ebenen öfter wiederholen.

Manchmal können sich auch zwei Mythen im Weg stehen. Deutsche zum Beispiel, die sehr stark vom Nachkriegs-Wirtschaftswunder-Mythos geprägt sind und in diesem Mythos – ich würde ihn einen „falschen Mythos“ nennen – leben, können nicht gleichzeitig voll am Mythos Jesu Christi partizipieren. Sie können sich mit dem Mythos des Evangeliums nicht identifizieren. Um Menschen zum Evangelium zu führen, müssen wir herausfinden, aus welchem Mythos sie hauptsächlich leben. Es gibt einen lutherischen Mythos, einen deutschen Mythos, einen Mythos von Wetzhausen, einen Mythos der Kirchengemeinde von Wetzhausen und so weiter. Welcher Mythos und welche Geschichte bestimmt die Menschen am nachhaltigsten? Dazu muß man einen Sinn für Geschichte haben. Jeder partizipiert an mehreren Mythen. Daran müssen wir als Prediger anknüpfen – oder sie entlarven und entthronen, wie die Propheten, die sagen: „Das ist ein falscher Mythos“. Man muß lernen, die Geschichten der Menschen aufmerksam zu hören. Wenn sie im Wirtshaus vom Krieg erzählen, dann erzählen sie ihren Mythos. Und der beherrscht sie bis heute.

Um zum Beispiel den positiven und echten Mythos von Wetzhausen herauszufinden, müssen wir fragen: „Wie kam das Christentum hierher? Welche Opfer wurden für den Glauben gebracht? Gibt es Zeugen dieses Glaubens in der Dorfgeschichte? Auf wessen Schultern stehen wir?“ Wir brauchen positive Anknüpfungspunkte!

In New Jerusalem zum Beispiel hängen wir jedes Jahr bei unserer Gründungsfeier einen langen Bogen Papier an die Wand, auf dem unsere bisherigen Jahre markiert sind. Es beginnt im November 1971, als ich auf jenem legendären Exerzitienwochenende gepredigt habe und sich eine Gruppe von Schülern bekehrt hat. Einige von dieser Gruppe pflegen dann aufzustehen und die alte Geschichte zu erzählen. Dann kommen alle, die der Gemeinschaft im ersten Jahr beigetreten sind und schreiben ihre Namen auf das Blatt. Als nächstes folgt 1972. Wir fragen, was damals alles wichtiges passiert ist – und wieder tragen sich die ein, die dabei waren. Dann kommt 1973 und so weiter. Wenn wir in der Gegenwart angelangt sind, dann ist das jedes Mal ein überwältigendes Erlebnis. Denn jeder kommt mit seiner eigenen Geschichte vor, und jeder kann sehen, wie seine Entwicklung und die Geschichte der Gemeinschaft ineinandergreifen. Das nenne ich Vergeschichtlichung des Glaubens.
Auf dem Dorf – wie hier in Wetzhausen – wird natürlich das Leben von einem zyklischen Rhythmus geprägt, von Saat und Ernte. Die Geschichte spielt da keine so große Rolle. Und doch müssen wir einen gewissen Sinn für die Heils-Geschichte bekommen, um den biblischen Glauben recht verstehen zu können. Wenn die Menschen hier auf dem Dorf zumindest eine vage Vorstellung davon haben, daß ihr Leben mit Abraham und Mose, mit Jesus und mit Martin Luther verknüpft ist, dann haben sie eine Ahnung von dem, was Heils-Geschichte bedeutet.
In einigen amerikanischen Diözesen versuchen wir, mit den Leuten die Geschichte des Glaubens vor Ort zu erforschen und lebendig zu machen. „Wie kam der Glaube hierher? Wer waren hier bei uns die großen Frauen und Männer des Glaubens?“ Das müssen wir wissen, um nicht oberflächlich und geschichtslos zu werden.
Wenn das alles fehlt, dann brauchen wir zumindest *Mythen-Macher* – das ist ein anderes Wort für die Heiligen. Ich habe neulich in einer sehr armen Gegend von Kentucky gepredigt. Dort gibt es einen Priester, der eine ganz außerordentliche Persönlichkeit ist. Jeder kennt ihn, jeder weiß von ihm. Man weiß, wem er geholfen hat, man erzählt originelle Anekdoten über seinen unkonventionellen Dienst.
So ein Mensch schafft einen Mythos. Mythen-Macher sind so

etwas wie spontane Initial-Zünder eines Mythos. Wenn die Menschen in einer Gegend keinerlei Bewußtsein für ihre Identität oder für ihre Geschichte haben, dann schenkt ihnen Gott mitunter solch einen Mythen-Macher. *Bonifatius* in Deutschland oder *Patrick* in Irland waren solche Auslöser-Gestalten. Es gibt sie noch heute.

Kardinal *Suenens* sagt: „Glücklich sind die, die Träume haben und bereit sind, den Preis zu zahlen, damit sie wahr werden". Die Träumer und die Realisten brauchen einander. Meistens gibt es zu wenig Träumer und zu viele Realisten in der Kirche. Erst muß geträumt werden – dann muß versucht werden, die Vision umzusetzen. Es ist bequem, immer *nur* zu träumen. Genauso kann es sehr bequem sein, immer *nur* über die zu hohen Kosten zu reden.

Noch eine Bemerkung über Ziele: Ziele müssen ein Datum haben, sonst sind es nur Träume. „Am 1. September wollen wir drei hauptamtliche Seelsorger für unsere Gemeinschaft anstellen." Das ist ein Ziel. Je konkreter die Ziele werden, desto weniger Leute werden mitmachen. Davon sollte man sich nicht entmutigen lassen. Das muß so sein. „Jesus liebt mich" – dieser Satz wird mehr Anhänger finden als die Frage, was die Liebe Jesu im Mai 1981 in Wetzhausen bedeutet.

Als der *Lorenzer Laden* in Nürnberg eröffnet wurde, gab es bestimmt viele Leute, die von der Idee einer Ladenkirche begeistert waren. Aber schon nach wenigen Wochen werden sich die ersten zurückziehen. Man könnte dann natürlich versuchen, das „Wir" mit aller Gewalt festzuhalten und keine Kritik zuzulassen. Das wäre aber nicht sehr weise.

Freilich: das Sterben zuzulassen, das erfordert viel Demut, das tut weh. Es ist gut, wenn man von Anfang an jemanden hat, der diese Prozesse kennt und selber durchlebt hat und der einem den Rücken stärkt, wenn die Krisen kommen. Vielleicht ist dieses Schema eine Art Rückenstärkung für die, die sich auf den schwierigen Weg gemacht haben, heute Gemeinde *„aus lebendigen Steinen"* zu bauen.

Zum Weiterlesen:

Bonhoeffer, Dietrich: Gemeinsames Leben. München, Kaiser, 20. Aufl. 1985.
Lohfink, Norbert: Kirchenträume. Reden gegen den Trend. Freiburg, Herder-Verlag, 4. Aufl. 1984.
Vanier, Jean: Gemeinschaft – Ort des Festes und der Versöhnung (ein Standardwerk für alle, die etwas von den „Gesetzen" christlicher Gemeinschaft erfahren wollen!). Salzburg, Otto Müller-Verlag.
Wallis, Jim: Wiederbelebung – meine Pilgerreise (Schilderung, wie die *Sojourners*-Kommunität in Washington D.C. entstand. Ein klassisches Beispiel für das „Glockenkurven-Prinzip"). Moers, Brendow-Verlag. 2. Aufl. 1986.

DIE UNVERBUNDENEN WUNDEN
Ein Franziskaner über Franz von Assisi

Schönheit schmerzt – vor allem diejenigen, die wirklich sehen können. Häßlichkeit verwirrt – aber nur diejenigen, die nicht wirklich sehen können. Wenn die großen Seher auftreten, dann pflegt ihr Leben uns andere aus der Bahn zu werfen. Denn sie stellen alle Regeln auf den Kopf, suchen Freude und Erfüllung ganz woanders als wir, finden Liebe an den merkwürdigsten Orten.

Diejenigen, die die Schönheit in ihrer ganzen Tiefe gesehen haben, bringen unseren Verstand durcheinander; wir brauchen Jahrhunderte, um wieder Tritt zu fassen, während wir ihnen mit sehnsüchtig glänzenden Augen nachlaufen. Solch ein Seher war *Francesco Bernardone* (1182 bis 1226), und solche Leute sind wir: eine staunende Menschheit, die noch immer keine Ruhe gefunden hat, weil sie einfach nicht vergessen kann, was er gesehen hat und was er mit einem einzigen kleinen Menschenleben gemacht hat. Seine Schönheit und sein Sehen schmerzen noch immer.

Mehr als jeder andere Nachfolger und Jünger Christi wurde Franz von Assisi ein „zweiter Christus" genannt. Über ihn wurden mehr Lebensgeschichten verfaßt als über irgendeine andere Person außer Jesus selbst. Er ist die meistgemalte nichtbiblische Gestalt der Geschichte, und die normalerweise sehr vorsichtige Kirche hat ihn nur vier Jahre nach seinem Tod heiliggesprochen. *G. K. Chesterton* nannte ihn „den einzigen aufrechten Demokraten der Welt", *Lenin*[1] sprach kurz vor seinem Tod neidvoll von ihm und *Sir Kenneth Clark* hielt ihn für das größte religiöse Genie, das Europa hervorgebracht hat. Schon zu Lebzeiten entwickelte er eine merkwürdige Anziehungskraft. Viel-

1 „Ich habe einen Fehler begangen. Zweifellos mußten die unterdrückten Massen befreit werden. Aber unsere Methode brachte nur neue Unterdrückung und ein entsetzliches Blutbad hervor. Mein ständiger Alptraum ist es, mich selbst in einem roten Meer aus dem Blut der unzähligen Opfer wiederzufinden. Es ist jetzt zu spät, die Vergangenheit zu verändern. Aber was zur Rettung Rußlands nötig gewesen wäre, das wären zehn Franz von Assisis gewesen." Wladimir Iljitsch Lenin, Briefe über den modernen Atheismus.

leicht war es jener unleugbare Magnetismus, der sich immer dann einstellt, wenn Wahrheit und Torheit eins werden:

Als der heilige Franz eines Tages aus dem Wald kam, wo er gebetet hatte, und am Waldrand stand, ging ihm Bruder Masseo entgegen und fragte ihn halb im Scherz: „Warum hinter dir? Warum hinter dir? Warum hinter dir? Warum scheint alle Welt hinter dir herzulaufen, und warum scheint jedermann dich sehen und hören und dir gehorchen zu wollen? Du siehst nicht besonders gut aus. Du bist nicht besonders gelehrt oder weise. Du bist nicht sehr vornehm. Warum also läuft alle Welt hinter dir her?" Da wandte er sich mit großem Geisteseifer Bruder Masseo zu und sagte: „Du willst wissen, warum hinter mir? Du willst wirklich wissen, warum jedermann hinter mir herläuft? Das habe ich aus den hochheiligen Augen Gottes erkannt, die das Gute und das Böse überall sehen. Denn diese gesegneten und hochheiligen Augen haben unter allen Sündern keinen gefunden, der unwürdiger und ungenügender wäre als ich. Um also jenes wunderbare Werk zu vollbringen, das er vorhat, fand er auf Erden keine gewöhnlichere Kreatur als mich – und deshalb hat er mich erwählt. Denn Gott hat das erwählt, was der Welt töricht erscheint, um die Weisen zu beschämen, und Gott hat das Niedrige und Verachtete dieser Welt erwählt, um das zunichte zu machen, was vornehm, groß und stark ist." (Die Blümlein des heiligen Franz)

Radikale Wahrhaftigkeit war der Ausgangspunkt, von dem Franz ausging. Sein ständiges nächtliches Gebet lautete einfach und immer wieder: „Wer bist du, o Gott? Und wer bin ich?" Das wiederholte er unaufhörlich, und die oben geschilderte Erfahrung scheint die Antwort gewesen zu sein. Er wußte, daß er zutiefst unvollkommen war – und immer bleiben würde. Später definierte er selbst jenen Augenblick als den Punkt seiner Bekehrung, an dem er einen häßlichen und stinkenden Aussätzigen umarmen konnte. Seine wirkliche Lebensreise begann damit, daß er den aussätzigen Teil seiner selbst annehmen konnte. Einen Großteil seines weiteren Lebens verwendete er darauf, diese Wahrheit *nicht* zu verstecken oder zu bemänteln, sondern sie geradezu zur Schau zu stellen. Diese tiefe Annahme seiner eigenen Grenzen und seiner eigenen Fähigkeit zum Bösen hatte nichts von der selbstzerstörerischen oder selbstverachtenden Art, die wir so oft in uns selbst finden. Er freute sich vielmehr über die Verheißung und Möglichkeit, daß all dies erlöst werden sollte.

Die Art, wie Franz das Evangelium las, ist für uns heute äußerst bedeutsam. Sein Blick und sein Schwerpunkt waren genauso gelagert wie bei Jesus. Sein Leben war ein dramatisiertes Gleichnis, ein audio-visuelles Hilfsmittel zum Verstehen des Evangeliums Freiheit. Es gibt uns die Perspektive, durch die wir so sehen können, wie Jesus es tat: von unten. Mit jedem Moment seines Lebens insistiert Franz darauf, daß wir nur von einer nicht-etablierten Position aus richtig sehen können. Er wollte in erster Linie deshalb arm sein, weil Jesus arm war. Aber er wußte zugleich, daß die biblischen Verheißungen den Armen galten und daß das Evangelium den Armen und nur ihnen gepredigt werden mußte, weil nur sie die Freiheit hatten, es zu hören, ohne es zu ihren eigenen Zwecken zu mißbrauchen. Er wollte nichts verteidigen müssen – außer der Liebe, ohne die alles andere nichts nützt. „Die Liebe wird nicht geliebt! Die Liebe wird nicht geliebt!" pflegte er zu seufzen und zu klagen.
Deshalb schlug er – im Gegensatz zu allen anderen Menschen – genau die entgegengesetzte Richtung ein, gewiß, daß er dabei dem Pfad Jesu folgte. Wie Paulus wollte er nur *„Christus erkennen und die Kraft seiner Auferstehung, sein Leiden teilen und der Art seines Todes ähnlich werden"* (Phil. 3,11). Er wußte, daß das gesicherte Leben oben an der Spitze den Namen Leben nicht verdiente. Er selbst hatte dort als Sohn eines reichen Tuchhändlers begonnen, und er sah, wie ein Großteil der Kirche einer Art von geistlichem Materialismus verfallen war, der eine noch schlimmere Illusion darstellte, weil er im Namen Gottes und um des Reiches Gottes willen gepflegt und aufrechterhalten wurde. Sich selbst nannte Franz oft einen *„idiota"*. Aber er war nicht so dumm, um nicht echte Freiheit von ihrem Gegenteil unterscheiden zu können.
Franz wollte für seine Brüder nie eine Regel oder einen Verhaltenskodex aufstellen, obwohl Rom darauf bestand. Ihm reichten die Bergpredigt und die Anweisungen, die Jesus selbst seinen Jüngern gegeben hatte. Als man ihn schließlich doch bewegen konnte, eine Regel zu schreiben, faßte er einfach ein paar Zitate aus dem Evangelium mit wenigen eigenen Ermahnungen zusammen. Dies ist bis heute die Regel der „Minderbrüder", wie sie im Jahre 1223 von Papst Honorius III. nachgerade widerwillig gebilligt wurde.
Als Franz die große Antrittsrede Jesu las, sprang ihm ins Auge,

daß der Ruf zur Armut ganz am Anfang stand: *„Selig sind die Armen!“* Von nun an las er das Evangelium so, daß die Armut für ihn zur „Grundlage und Wächterin aller anderen Tugenden“ wurde. Alle anderen Tugenden empfangen das Reich Gottes nur als Verheißung; die Armut allein ist schon hier und jetzt damit verwoben: *„... selig sind die Armen ... denn ihnen gehört das Himmelreich«* (Matth. 5,3).

Folglich war franziskanische Frömmigkeit nie etwas Abstraktes. Sie gründet sich auf die konkreten Anweisungen Jesu an seine Jünger und nicht auf Theologie. Sie kann sich nicht so leicht in einen ideologischen Bereich oder hinter eine jener Bekenntnis-Leinwände zurückziehen, auf die wir unsere Metaphysik projizieren. Wenn Franz „das Evangelium lebte“, dann ging es ihm schlicht und einfach um Lebensstil. Es ging ihm darum, die Inkarnation in Raum und Zeit fortzusetzen. Er nahm die Gegenwart des Heiligen Geistes absolut ernst. Er wollte Jesus *sein* – und nicht nur Jesus *anbeten*. Recht gelebt besteht Franziskanertum nicht aus Worten, nicht einmal aus einer bestimmten Ethik. Es ist Fleisch – nacktes Fleisch – unfähig, die eigenen Grenzen zu leugnen, unfähig, die eigenen Wunden zu verbinden. Er nannte es Armut.

Diese gereinigte Vision eines gelebten Evangeliums vermittelte Tausenden eine neue Freiheit in der Kirche und im Dienst an der Welt. Viele religiöse Gemeinschaften waren damals mit Stiftungen, Spenden und immensem Grundbesitz verfilzt. Die Mitglieder lebten zwar persönlich bescheiden, gemeinsam aber in großer Sicherheit und sogar Bequemlichkeit. Die sogenannten Bettelorden wurden geboren, um diese gefährliche Ehe zwischen geistlichem Dienst und Geld zu scheiden. Franz wollte nicht in erster Linie, daß seine Brüder das Heil *verkünden* (obwohl sie auch das taten). Er wollte, daß sie selbst Heil *sind*. Er wollte, daß sie das Leben Jesu in der Welt gleichsam nachahmen und darstellten – mit all dem Vertrauen und der Ungesichertheit, die das einschloß. Man würde sie heute als Stadtstreicher oder Penner verhaften; aber er glaubte, daß Jesus buchstäblich meinte, was er sagte, als er seine Jünger aufforderte: *„Eßt, was man euch vorsetzt. Denn der Arbeiter ist seines Lohnes wert“* (Luk. 10,7). Als Franz erstmals die Predigt hörte, in der Jesus seine Nachfolger aufruft, nichts auf den Weg mitzunehmen, verließ er überschäumend vor

Freude den Gottesdienst, lernte den ganzen Abschnitt auswendig und jubelte: „Das ist es, was ich will. Das ist es, wonach ich mich sehne. Das ist es, was ich von ganzem Herzen tun möchte."
Wenn ich heute an das Leben des heiligen Franz denke, dann fallen mir ein einfacher lutherischer Pfarrer und seine Frau ein, die ich in einem kleinen fränkischen Dorf in Deutschland kennenlernte. Als er einmal kurz das Zimmer verließ, sprach sie mit großer Liebe und Hochachtung von ihrem Mann, der das Evangelium so radikal ernst nahm und dabei so wenig aus sich selbst machte. Bevor er wieder eintrat, flüsterte sie mir feierlich und stolz zu: „Bei ihm beginnt das Einfache zu strahlen. Dieses Strahlen macht alles hell." In diesem Sinne war auch Franz kein düsterer Asket, sondern ein leidenschaftlicher und sinnenfroher Italiener, für den Armut nicht gleich Würdelosigkeit und Schlamperei war. Man muß nur einmal seine Gebetsstätten in Mittelitalien besuchen, um zu entdecken, daß er die lieblichsten Flecken Erde aussuchte, um Gott dort die Dunkelheit seiner eigenen Seele zu offenbaren. Er wußte, daß er sich gleichsam mit göttlichen Freuden umgeben mußte, um solch schmerzliche Wahrheiten zulassen zu können.
Franz konnte nicht einfach arm sein. Er mußte eine Liebesaffäre, ja sogar eine Ehe mit seiner geliebten „Frau Armut" in Szene setzen. Seine zölibatäre Ehelosigkeit war Leidenschaft – nicht das Fehlen von Leidenschaft! In der mittelalterlichen Tradition höfischer Minne, jener sublimierten Liebe eines Ritters für seine zum Ideal emporstilisierte Dame, bestand Franz darauf, die „vornehmste, reichste und schönste Frau, die je gesehen wurde" zu heiraten. Es stellte sich heraus, daß dies Frau Armut war.
„Der selige Vater hielt den üblichen Wohlstand der Weltkinder für Oberflächlichkeiten. Weil er nach Höherem strebte, sehnte er sich von ganzem Herzen nach Frau Armut. Weil er die Armut für etwas hielt, was dem Gottessohn besonders lieb war, obwohl sie von aller Welt verachtet wurde, wollte er sie in beständiger Liebe umwerben. Daher verließ er, als er sich in ihre Schönheit verliebt hatte, nicht nur Vater und Mutter, sondern gab auch alles andere auf, damit er um so enger an ihr, seiner Gattin, hängen könnte und sie beide ein Geist würden ... Es gab niemanden, der mehr hinter dem Gold her war als er hinter der Armut, und niemand bewachte seinen Schatz so eifersüchtig, wie er diese seine köstliche Perle des Evangeliums hütete." (Thomas von Celano, zweite Lebensbeschreibung)

Franz war genug Realist, um zu wissen, daß dieser Blick von unten niemals in Mode kommen würde. Dennoch führte ihn seine Liebe zum Kleinen dazu, seine Brüder „minores" („Mindere") zu nennen, damit sie nie wieder in die weltliche Sichtweise der „majores" (d. h. der Großen, des Adels) zurückfallen sollten. Er wußte, daß es Macht bedeutete, ein *Jemand* zu sein – und daß es Wahrheit bedeutete, ein *Niemand* zu sein. Er entschied sich immer für die Wahrheit, weil er vom Beispiel des gekreuzigten Jesus wußte, daß Gott schließlich gerade daraus wirkliche Macht erwachsen läßt. Er blieb erstaunlich unbeeindruckt von Zahlen, Erfolg, Rang, Statussymbolen und sogar von klerikalen Weihen, die er für sich ablehnte. Er wollte sich von keinem anderen Reich vereinnahmen lassen als allein vom Reich des „Großen Königs". Dennoch verlor er nie ein böses Wort gegen den Putz und Pomp des mittelalterlichen Katholizismus; er zog einfach vor die Mauern von Assisi und lebte den Glauben auf neue Weise. Er wußte, daß Frontalangriffe in der Regel sowieso nichts bewirken, und er liebte seine Kirche zu sehr, als daß er sich erlaubt hätte, andere zu verurteilen. Wieder war es sein Lebensstil, der zum Urteil wurde, nicht seine Worte. Er war ein sanfter Prophet. Deshalb fordert sein Zeugnis die Gläubigen seit acht Jahrhunderten heraus.

Die Entscheidung des Franz für Schwachheit statt Stärke, Verwundbarkeit statt Rechthaberei, Wahrheit statt Praktikabilität, Ehrlichkeit statt Einfluß steht in einem erstaunlichen Gegensatz zur gängigen westlichen Version des Evangeliums und zu einer erfolgsorientierten Kirche. Er bleibt für immer der Heilige, der buchstäblich das Unterste nach oben kehrt.

Franz hatte kein ausgeprägtes Bewußtsein für das, was wir heute „strukturelle Sünde" oder das „system-immanente Böse" nennen würden. Jedenfalls sprach er nie ausdrücklich davon. Dennoch: Man stelle sich vor, seine Auslegung des Evangeliums wäre die Grundlage und nicht nur eine zwar vielbewunderte, aber dann doch an den Rand gedrängte Sonderform des abendländischen Christentums geworden. Welch andere Farbe, welch anderen Charakter hätte heute das westliche Christentum, die westliche Zivilisation! Hätte man die Dämonie erkannt, die in Wohlstand, Macht und Herrschaft steckt, und hätten geistliche Werte den Platz bekommen, der ihnen zusteht, dann wäre die

Renaissance eine wirkliche Wiedergeburt gewesen, die Reformation hätte wohl nicht stattfinden müssen, die Aufklärung wäre tiefer gegangen als bis zur subjektiven Vernunft, und der Klassenkampf, zu dem der Marxismus aufruft, wäre auch unnötig gewesen. Weil aber der größte Teil der Kirche sich geweigert hat, die Lehre Jesu und das Beispiel des Franziskus ernst zu nehmen, weigert sich heute ein Großteil der Welt, die Kirche ernst zu nehmen: „Ihr Christen verkündet zwar neues Leben. Aber eure Geschichte beweist, daß ihr euch scheut, wirklich anders zu leben – nämlich verantwortlich, hingebungsvoll und als Friedensstifter."

Als Mensch dieser feudalen Epoche konnte Franz nicht vorhersehen, welche monströsen Ausmaße unsere Kriegsgelüste annehmen würden. Immerhin gab er bereits im Rahmen seines begrenzten Weltbildes das Leben eines Ritters und Kriegers auf, obwohl diese Karriere gesellschaftlich anerkannt und hochgeschätzt war. Fortan setzte er seinen ritterlichen Edelmut im Kampf für das Gute ein. Schon durch ihren Gruß sollten die Minderbrüder ihre Absichten bekanntgeben:

Der Herr offenbarte mir, daß ich als Gruß sagen sollte: „Der Herr gebe euch Frieden!". Als er eines Tages mit einem Bruder unterwegs war, der zu den ersten Zwölf gehörte, grüßte er die Menschen auf den Straßen und auf den Feldern mit diesem Friedensgruß. Weil die Menschen solch einen Gruß nie zuvor von einem Ordensmann gehört hatten, waren sie sehr verwirrt. Einige fragten sogar ärgerlich: „Was meinst du mit diesem Gruß?" Aber der heilige Vater sagte: „Laß sie reden, denn sie verstehen nicht die Weise Gottes. Schäme dich deswegen nicht, denn eines Tages werden Vornehme und Fürsten dieser Welt dich und die anderen Brüder wegen dieses Grußes achten. Denn es ist kein Wunder, wenn der Herr eine neue kleine Herde haben will, deren Rede und Leben sich von all ihren Vorgängern unterscheidet, und die damit zufrieden ist, allein Ihn zu besitzen". (Spiegel der Vollkommenheit).

Jahrhunderte später bringt die Kirche noch immer nicht mehr als einige verschwindend kleine Gruppen hervor, die das Evangelium des Friedens verkündigen, während die Großen dieser Welt noch immer sehr zurückhaltend sind mit ihrem Respekt. Die Heiligen aller Zeiten müssen damit rechnen, daß Siege mitunter nur in eschatologischen[1] Dimensionen zu erringen sind.

1 eschatologisch: endzeitlich, aufs Weltende bezogen

Keiner verstand wohl die Vision und Berufung des Franz besser als eine reiche junge Frau aus Assisi namens *Clara Scifi* (1194–1253). Sie nahm sich den Ruf zur evangelischen Armut zu Herzen wie sonst niemand. Von Franz konnte sie sagen: „Nach Gott ist er der Kutscher meiner Seele." Ihr berühmtes „Armuts-Privileg" erhielt sie 1216 von *Innozenz III.* und nochmals 1228 von *Gregor IX.* Es bedurfte zweier päpstlicher Bestätigungen, um einer religiösen Gemeinschaft zu versichern, daß sie ungesichert leben dürfte! Klara wußte, daß schlaue und clevere Menschen versuchen würden, der Gemeinschaft genau das wegzunehmen, was sie als entscheidend ansah für eine evangeliumsgemäße Existenz.
Es ist allgemein anerkannt, daß der weibliche Zweig der franziskanischen Ordensfamilie die Armut und die Kontemplation des heiligen Franz wesentlich treuer durchgehalten hat als die Brüder. Dafür gibt es wohl viele Gründe. Der wichtigste jedoch scheint mir zu sein, daß die Männer bald religiöse und juristische Funktionen in der institutionalisierten Kirche übernahmen (was damit verbunden war, daß ein einfacher Lebensstil keinen Wert in sich selbst mehr trug). Die Brüder wurden in die bestehenden Machtstrukturen eingefügt, wo sie das Leben nicht mehr vom Rand oder von unten her sehen konnten, sondern selbst das System aufrechterhalten mußten. Leider wurden die „armen Klarissen" ins Kloster verbannt, um dort ihre privilegierte Armut zu leben. Vielleicht gibt es keinen anderen Weg. Die Geschichte hat uns gezeigt, wie selten es vorkommt, daß Menschen wirklich voll in der Welt sind und doch nicht in der Welt aufgehen – so wie Jesus es eigentlich gewollt hat. Obwohl nur wenige diese Balance finden, wird sie immer das franziskanische Ideal bleiben.
Franziskaner wurden schon immer als „volkstümlich" betrachtet. Ihr eher proletarisches Image hat den Brüdern erlaubt, den Sorgen und Nöten des einfachen Volkes näher zu sein als andere. Leider hat es oft auch dazu geführt, daß es ihnen an klarer Reflexion mangelte. Jede Gabe hat auch ihre besondere Gefährdung! Die Brüder haben oftmals die Vorurteile und Ängste des einfachen Volkes ebenso stark widergespiegelt wie seinen Kampf um Gerechtigkeit und Barmherzigkeit.
Franz empfand sich selbst als Versöhner und Prediger der

Vergebung. Nach einer endlosen Kontroverse zwischen dem Bürgermeister und dem Bischof von Assisi beschloß er, seinem berühmten „Sonnengesang" eine weitere Strophe hinzuzufügen. Auch jetzt war in seinem weiten Herzen kein Platz für Schimpfworte oder harte Urteile. Es tat ihm weh, wenn sich andere wehtaten. Und selbst dieser sein Beitrag zur Versöhnung nahm die Gestalt höfischer Kunst an – und wird heute als der älteste Text der eigentlichen italienischen Dichtung angesehen.

„Es ist eine große Schande für uns, die Diener Gottes, daß zu einer Zeit, wo der Bischof und der Bürgermeister einander hassen, keiner sich findet, der Frieden und Eintracht zwischen ihnen wiederherstellen kann", sagte Franz zu seinen Begleitern. Deshalb dichtete er eine weitere Strophe zu seinem Sonnengesang:

„Aller Ruhm sei dir, mein Herr
durch die, die aus Liebe zu dir verzeihen,
durch die, die Prüfung und Verfolgung bestehen.
Glücklich die, die ausharren im Frieden.
Durch dich, du Höchster, werden sie gekrönt werden."

Die Brüder gingen zur Piazza Commune und sangen vor dem Bischof und dem Bürgermeister das ganze Lied. Da gingen die beiden voller Zärtlichkeit und Rührung aufeinander zu und umarmten einander. (Die Legende von Perugia)

Zur Zeit des Franziskus waren „Krieg und seine Ausschweifungen und seine Unordnung nicht nur notwendig und eine Gewohnheit geworden, sondern sogar eine Lieblingsbeschäftigung, die herrschende Leidenschaft, die das gesamte Leben der Stadt bestimmte, in der das Wort ‚Frieden' jede Bedeutung verloren hatte" (Nova Vita). Der zweifellos berühmteste Versuch des Franziskus als Friedensstifter war sein Besuch beim Sultan *Melek-el-Khamil* (1217–1238) in Damiette/Ägypten. Schon vorher war er mehrmals zu Kreuzfahrer-Lagern in Syrien gereist, mußte aber immer wieder wegen Krankheit und Schiffbruch umkehren. Die Kreuzfahrer hatten diesmal bereits vom 9. Mai 1218 an bis zum 29. August 1219 gekämpft, als Franziskus in Ägypten eintraf. Er verbrachte mehrere Tage mit dem Sultan und versuchte, Frieden auszuhandeln, konnte jedoch nur einen persönlichen Achtungserfolg erringen. Dann wandte er sich an die christlichen Kreuzfahrer:

„Wenn ich sie auffordere, nicht zu kämpfen, halten sie mich für einen

Narren; wenn ich schweige, entkomme ich nicht meinem Gewissen.“ So brach der heilige Mann auf und begrüßte die Christen mit seinen Mahnungen, verbot ihnen den Krieg und prangerte seine wahren Ursachen an. Aber die Wahrheit wurde lächerlich gemacht, sie verhärteten ihr Herz und verweigerten sich seiner Führung. Sie zogen in die Schlacht und kämpften, und unsere Armee wurde vom Feind hart bedrängt. So groß war die Zahl der Verluste in der Katastrophe, daß man sechstausend Tote und Gefangene beklagen mußte. Erbarmen erfüllte den heiligen Mann, obwohl sie ihre Taten nicht bereuten. Er trauerte vor allem über die Spanier, weil er sah, wie gerade ihr Ungestüm nur wenige von ihnen übrig gelassen hatte. Das sollen die Fürsten der Welt erfahren, und sie sollen wissen, daß es nicht leicht ist, gegen Gott zu kämpfen, gegen den Willen Gottes zu streiten. Unbesonnenheit führt in der Regel in die Katastrophe, denn sie verläßt sich auf die eigene Kraft und verdient keine Hilfe vom Himmel. Wenn man den Sieg von oben her erhofft, dann muß man die Schlachten dem Geist Gottes überlassen. (Zweite Lebensbeschreibung)

Leider belegt die Geschichte, daß die Kämpfe am 26. September wieder aufgenommen wurden. Franz kehrte sehr enttäuscht nach Assisi zurück. Die Ermahnungen an seine Anhänger seien auch denen ins Stammbuch geschrieben, die heute für Frieden und Gerechtigkeit kämpfen:

„Während ihr mit euren Lippen den Frieden bekennt, achtet darauf, daß ihr ihn noch mehr in eurem Herzen tragt. Niemand sollte durch euch zu Zorn und Bitterkeit gereizt werden. Jeder sollte von euch vielmehr zu Friede, gutem Willen und Barmherzigkeit bewegt werden, auf Grund eurer Selbstzucht. Denn wir sind dazu berufen, die Verwundeten zu heilen, die Verletzten zu verbinden und die Irrenden zurechtzubringen.“ (Legende der drei Gefährten).

Viele Historiker sehen in der Lebensregel des Franziskus für den „Dritten Orden“ einen weltlichen Zweig des Franziskanertums, einen der Hauptfaktoren für den Untergang des Feudalismus. Der Feudalismus war ein System, das auf Zwang und Unterdrückung basierte. Fehden und Überfälle waren gang und gäbe, so daß kaum jemand die Stadtmauern unbewaffnet verlassen konnte. Aber Franz verbot seinen Anhängern zu kämpfen, Waffen zu tragen oder auch nur einem Adeligen Gefolgschaft zu schwören. Auch das ging auf die Bergpredigt zurück. So viele Menschen übernahmen diese Regeln des „Dritten Ordens“, daß dadurch eine der wenigen erfolgreichen Sozialreformen der

Geschichte zustande kam, wenn sie auch kurzlebig war. Trotz aller berechtigten Gründe, entmutigt zu sein, war Franz als ein Mann tiefer und beständiger Freude bekannt. Er wußte, daß er nach allem, was getan wurde und ungetan blieb, noch immer der „Bote des Großen Königs“ war. Keiner sollte je daran zweifeln, daß Franz seinem ganzen Wesen nach ein Liebender war, verliebt in den größten aller Liebhaber. Seine dankbare Fröhlichkeit war geradezu bodenlos. Er sagte seinen Brüdern, es sei ihre Berufung, „die Herzen der Menschen zu ermutigen und ihnen Anlaß zu geistlicher Freude zu geben.“ Sie brauchten keine andere Rechtfertigung für ihr Leben. Sie brauchten keine andere Aufgabe in der Kirche. Sie sollten, wie er, Troubadoure und Spielleute Gottes sein. Manchmal, berichten Augenzeugen, überkam ihn die Freude so sehr, daß er „einen Stock vom Boden aufhob, ihn in den linken Arm nahm und darüber hinstrich wie über eine Geige. Und während er sich so hin- und herbewegte, sang er vom Herrn. Diese ganze Ekstase der Freude endete oft mit vielen Tränen.“ (Zweite Lebensbeschreibung). Um diese Herzensweisheit seiner Gemeinschaft mitzuteilen, verwickelte er Bruder Leo in folgenden berühmten und vielzitierten Dialog über die vollkommene Freude:

An einem Wintertag, als er mit Bruder Leo die Straße von Assisi nach Perugia entlangwanderte, sprach Franziskus in der bitteren Kälte fünfmal seinen Bruder Leo an, um ihm jedes Mal zu sagen, worin die vollkommene Freude nicht besteht: „Bruder Leo, selbst wenn ein Minderbruder die Blinden sehend macht, die Krüppel heilt, Teufel austreibt, den Tauben das Gehör wiedergibt, die Lahmen laufen läßt, die Stummen zum Reden bringt und einen Menschen zum Leben erweckt, der tagelang tot war, dann schreib auf, daß darin nicht die vollkommene Freude liegt.“ So fuhr er fort, weitere Erfolge und sogar geistliche Freuden aufzuzählen. Als er auf diese Weise immer weiter redete, während sie zwei Meilen gingen, fragte ihn Bruder Leo hocherstaunt: „Vater, ich flehe dich in Gottes Namen an, mir zu sagen, wo man die vollkommene Freude finden kann.“

Und Franz antwortete: „Wenn wir zur Portiuncula[1] kommen, vom Regen durchgeweicht, frierend vor Kälte, voller Dreck und Hunger leidend, und wenn wir am Tor unseres Bruderhauses klingeln und der Bruder Pförtner herauskommt und ärgerlich fragt: ‚Wer seid ihr?‘, und wir sagen: ‚Zwei

1 die kleine Kirche, bei der die Gemeinschaft lebte, wörtlich „der kleine Anteil“.

Spielmann Gottes
Ernst Alt, Franziskus

deiner Brüder!' Und er widerspricht uns und sagt: ‚Ihr lügt. Schert euch davon!'
Und wenn er uns nicht aufmacht, sondern uns in Regen und Schnee stehen läßt, frierend und hungrig, während es Nacht wird – dann, wenn wir all diese Beleidigungen und grausamen Zurückweisungen geduldig ertragen, ohne zu verzweifeln und ohne uns zu beklagen, sogar wenn wir voller Demut und Liebe bedenken, daß uns der Pförtner eigentlich kennt – dann, o Bruder Leo, schreib auf, daß dort die vollkommene Freude gefunden wird.
Und wenn wir weiterklopfen und der Pförtner herauskommt und uns mit Flüchen und Prügeln fortjagt, und wenn wir das geduldig ertragen und die Beleidigungen mit Freude und Liebe im Herzen auf uns nehmen, – o, Bruder Leo, schreib auf, daß das die vollkommene Freude ist! Und jetzt hör die Folgerung: Größer als alle Gnaden und Gaben des Heiligen Geistes, die Christus seinen Freunden schenkt, ist die, sich selbst zu besiegen und freiwillig Leiden, Schmähungen, Erniedrigungen und Mühen zu ertragen aus Liebe zu Christus." (Die Blümlein des heiligen Franz)
Das ist nicht so sehr eine Beschreibung vollkommener Freude als eine Beschreibung vollkommener Freiheit. Hier finden wir endlich einen wirklich gewaltlosen und befreiten Menschen. Nur Menschen wie er werden jemals andere befreien. Sie sind nicht Teil des Problems, sondern der Anfang der Lösung. Sie sind über die Trennung zwischen hier und da, mein und dein und alle anderen Trennungen hinausgewachsen. Sie akzeptieren, ohne zu verzweifeln, daß wir auch in die Sünden der anderen verstrickt sind und umgekehrt, und sie können sich ehrlich am Ruhm anderer freuen. Jeder Teil versucht, jeden anderen Teil des Ganzen zu lieben – was freilich mit großen Kämpfen und endlosen Widerständen verbunden ist. Einige wenige Menschen werden zu solchen Knotenpunkten, in denen alle Linien zusammenlaufen können. Diese Menschen, die das Ganze in sich vereinen, halten den Rest des Puzzle-Bildes zusammen. Sie lassen uns gesunden und erlauben uns, uns auf gewaltige Abenteuer einzulassen. Damit sie das können, müssen sie so klein und schwach sein, daß wir keine Angst vor ihnen zu haben brauchen – und daß wir denken können, wir sind bei ihnen eher Gebende als Nehmende.
Diese wahrhaft Freien müssen Gottes Freude sein. Diese Wenigen sagen uns, was im Herzen Gottes vor sich geht. Sie geben uns die Gewißheit, daß dieser Schöpfer nicht Allmacht ist, sondern

Demut, nicht erhaben (wie man sich einen Gott gemeinhin vorstellt), sondern grenzenlos zugänglich, nicht abweisend, sondern bedingungslos offen und herzlich. In ihrem eigenen Leben stellen diese Wenigen Gott erstaunlich konkret dar: Sie sind bereit, hier und jetzt und unter allen Umständen das zu leben, was sie erfahren haben.
Menschen wie Franz von Assisi erwarten das Gute; es ist für sie keine Überraschung. Am Ende wird immer alles gut; das Gute ist offenbar bereit zu leiden, um schließlich zu siegen, aber siegen wird es! Für diese wenigen Freien ist das Gute einfach da, überall, gleich unter der Oberfläche, die es oft genug durchbricht. Sie können ihm nicht widerstehen; sie können es nie völlig besitzen. So gelangen sie zur Anbetung. Und weil sie sich nach unten beugen, zieht sie auch die Häßlichkeit des Lebens an, und seine Schönheit erscheint wie eine fremde, heilige Wunde.

Zum Weiterlesen:

Boff, Leonardo: Zärtlichkeit und Kraft. Franz von Assisi, mit den Augen der Armen gesehen. Düsseldorf, Patmos-Verlag/CVK. 3. Aufl., 1985

Chesterton, Gilbert K.: Franziskus. Der Heilige von Assisi. Frankfurt, Fischer-TB, 1986.

Holl, Adolf: Der letzte Christ. Franz von Assisi. Berlin, Ullstein-TB, 1979.

Kazantzakis, Nikos: Mein Franz von Assisi (Roman). Reinbek, rororo-TB, 1979.

Timmermans, Felix: Franziskus. München, dtv, 1961.

TRÄUME
Gottes ungebetene Boten

Joseph war siebzehn Jahre alt und Hirte bei den Schafen mit seinen Brüdern. Er half den Söhnen Bilhas und Silpas, der Nebenfrauen seines Vaters, und brachte es vor ihren Vater, wenn schlecht über sie geredet wurde. Israel aber liebte Joseph mehr als alle seine Söhne, weil er der Sohn seines Alters war, und machte ihm einen bunten Rock. Als nun seine Brüder sahen, daß ihr Vater ihn lieber hatte als alle seine Brüder, wurden sie ihm feind und konnten ihm kein freundliches Wort mehr sagen.

Da hatte Joseph einmal einen Traum und erzählte seinen Brüdern davon. Von da an haßten sie ihn noch mehr. Denn er erzählte ihnen: „Hört, was mir geträumt hat. Wir banden gemeinsam Garben auf dem Feld. Meine Garbe richtete sich auf und stand gerade, eure Garben aber stellten sich rings um meine Garbe und neigten sich vor ihr."

Da sprachen seine Brüder zu ihm: „Willst du unser König werden und über uns herrschen?" Und wegen seines Traumes und seiner Worte haßten sie ihn noch mehr.

Da hatte er einen weiteren Traum und erzählte auch den seinen Brüdern: „Ich habe noch einen Traum gehabt: die Sonne, der Mond und elf Sterne neigten sich vor mir." Als er das seinem Vater und seinen Brüdern erzählte, schalt ihn sein Vater und sprach zu ihm: „Einen schönen Traum hast du da geträumt! Sollen etwa ich, deine Mutter und deine Brüder kommen und vor dir niederfallen?" Und seine Brüder wurden neidisch auf ihn. Jakob aber merkte sich diese Worte. Als seine Brüder eines Tages hingegangen waren, um in Sichem das Vieh ihres Vaters zu weiden, sprach Jakob zu Joseph: „Hüten nicht deine Brüder das Vieh in Sichem? Komm, ich will dich hinschicken!" Er antwortete: „Ich bin bereit." Sein Vater sprach: „Geh und schau, ob es um deine Brüder gut steht und um das Vieh, und berichte mir dann, wie sich's verhält."

So sandte er Joseph aus dem Tal von Hebron davon. Er kam nach Sichem, wo ihn ein Mann fand, wie er auf dem Feld umherirrte. Der Mann fragte ihn: „Wen suchst du?" Er sagte: „Ich suche meine Brüder. Sag mir doch, wo sie ihr Vieh hüten!" Der Mann erwiderte: „Fort sind sie gezogen. Ich hörte sie sagen, sie wollten nach Dotan gehen." Da zog Joseph seinen Brüdern nach und fand sie in Dotan.

Als sie ihn von Ferne kommen sahen, noch ehe er nahe bei ihnen war, schmiedeten sie miteinander einen Plan, ihn umzubringen. Sie sprachen: „Schaut, da kommt der Träumer. Wir wollen ihn umbringen und in eine Grube werfen und sagen, ein böses Tier habe ihn gefressen. Dann wird man schon sehen, was seine Träume wert sind.“ (1. Mose/Genesis 37, 2–20)

Als Evangeliums-Lesung für diese Predigt würden sich die neutestamentlichen Josephs-Geschichten anbieten. In den ersten beiden Kapiteln des Matthäus-Evangeliums wird fünfmal erwähnt, daß Joseph, der Mann Marias, Träume hatte. In der Heiligen Schrift steht also der Name Joseph immer symbolisch für den Träumer. Seine Träume tragen ihm nicht die Liebe und das Wohlwollen anderer Menschen ein. Im Gegenteil: Gerade durch seine Träume zieht er sich den Haß seiner Umwelt zu.
Statt des Evangeliums möchte ich aber einige Teile aus dem 33. Kapitel des *Hiob-Buches* zitieren. Hier wird besonders explizit über den Sinn der Träume und des Träumens reflektiert. Hiob hat sein Vermögen und seine Familie verloren. Dennoch weigert er sich, Gott zu verfluchen. Alle seine klugen Freunde kommen zu ihm, um ihm mögliche Erklärungen für seine Situation anzubieten. In ihrer Argumentation findet sich neben dem unfruchtbaren Versuch, das Sinnlose doch noch sinnvoll zu deuten, auch viel echte Weisheit. So zum Beispiel in der Rede eines Mannes namens Elihu:
»Höre doch, Hiob, meine Rede und achte auf meine Worte! Ich öffne meinen Mund, mein Herz spricht aufrichtig, und meine Lippen sind lauter. Gottes Geist hat mich geschaffen. Der Odem des Allmächtigen hat mir das Leben geschenkt. Kannst du, so widerlege mich! Rüste dich gegen mich und stell dich dem Kampf! Ich bin ein Mensch wie du, kein Gott. Aus Erde bin ich gemacht wie du. Du brauchst mich nicht zu fürchten. Meine Hand wird nicht schwer auf dir lasten.
Wie kannst du zu mir sagen – ich höre noch den Ton deiner Rede –: ‚Ich bin rein, sündlos und unschuldig?' Und doch sagst du von Gott: ‚Er erfindet Vorwürfe gegen mich und kontrolliert jeden meiner Schritte.'
Du hast nicht recht, Hiob, wenn du das sagst. Denn Gott paßt nicht ins menschliche Maß. Warum haderst du mit ihm, nur weil er dir nicht so antwortet, wie du es willst? Gott redet erst auf eine Weise, dann aber auf eine andere. Aber niemand beachtet es. ***Er spricht im Traum, im Nachtgesicht. Wenn Schlummer den Menschen befällt und er in***

seinem Bett schläft – dann redet Gott zu ihm. Dann flüstert er dem Menschen ins Ohr. Dann schreckt er ihn auf und warnt ihn, damit er sich vom Bösen abwendet. *Seinen Stolz will er tilgen, seine Seele will er bewahren vor dem Verderben, sein Leben vor dem Pfad ins Todesreich ...*
Dann ist ein Engel an seiner Seite, ein Mittler, aus Tausend erwählt, um ihn zu erinnern an das, was recht ist, um ihm barmherzig zu sein und zu Gott zu sagen: ‚Erlöse diesen Menschen aus dem Verderben! Ich habe ein Lösegeld gefunden für sein Leben. Sein Fleisch soll wieder blühen wie in jungen Jahren. Ja, jung soll er wieder werden.'
Er wird Gott bitten, und der wird ihm gnädig sein. Er wird ihn sein Angesicht sehen lassen mit Freuden. Er wird dem Menschen seine Gerechtigkeit wiedergeben. Dann wird dieser Mensch vor den Leuten lobsingen. ‚Ich habe gesündigt und Unrecht getan. Aber Gott hat mich nicht bestraft, wie ich es verdient hätte. Gott hat mich erlöst, daß ich nicht hinfahre zu den Toten, sondern weiterlebe im Licht.'
Das tut Gott immer wieder mit jedem Menschen: Er holt sein Leben zurück von den Toten und läßt das Licht der Lebendigen über ihm leuchten." (Hiob 33, 1–18. 23–30)

Träume: Wir haben dieses Thema schon ab und an im Vorübergehen gestreift. Nun ist es vielleicht an der Zeit, einmal gründlicher darüber zu reden. Denn immerhin betrifft es ein Drittel unseres Lebens. In diesem Drittel passiert es ständig. Aber die meisten von uns haben nie gelernt, auf dieses Drittel bewußt zu hören. Es ist das Drittel, das wir mit Schlafen zubringen. Gott ist kaum bereit, ein Drittel unseres Lebens zu verplempern. *„Er spricht zu uns in Nachtgesichten"*, sagt Hiobs Freund.
Wenn wir das nicht wissen oder nicht glauben, dann sind wir die Ausnahme von der Regel. Alle Völker und Kulturen der Erde haben zu allen Zeiten an Träume geglaubt – außer den letzten eintausend Jahren der westlichen Zivilisation, etwa seit der hochscholastischen Periode des römischen Katholizismus. Damals begann eine einseitig rationale Auslegung des Evangeliums. Das hat sich in den letzten vierhundert Jahren noch verstärkt. Alles, was zur Welt der Symbole und Bilder gehört, hat immer weniger Raum bekommen, weil wir diesen Bereich nicht kontrollieren und beherrschen können. Was nicht kontrollierbar war, wurde abgespalten und abgelehnt. Es wurde als unwichtig

Die Leiter zur transzendenten Wirklichkeit
Brigitte Kranich, Jakobs Traum

und sinnlos abgetan. „Träume sind Schäume", sagt *Goethe*. Das ist unser Problem.

Ich will versuchen zu zeigen, wie Gott uns durch unsere Träume beschenkt und wie wir uns schrittweise öffnen können, um ihn zu hören und zu verstehen, wenn er auf diese Weise mit uns redet.

Jakob träumte, und siehe, eine Leiter stand auf der Erde und berührte mit ihrer Spitze den Himmel. Und die Engel Gottes stiegen daran auf und nieder. (1. Mos./Gen. 28, 12).

Diese berühmte Geschichte von Jakob und der Himmelsleiter ist von manchen Auslegern als ein *Traum über das Träumen* gedeutet worden. Jakob, der später in Israel umbenannt und zum Vater der zwölf Stämme wird, bekommt von Gott die Gabe, ein Träumer zu sein. Die Himmelsleiter ist ein Bild dafür, wie unsere Träume tatsächlich zum Ort werden können, an dem sich die transzendente Wirklichkeit und unsere eigene innere Wirklichkeit begegnen.

Viele moderne Menschen, vor allem solche mit höherer Schulbildung, haben sich angewöhnt zu meinen, daß ihre Träume keine besondere Bedeutung haben. Die meisten machen sich deshalb nicht die Mühe, sich ihre Träume zu merken oder aufzuschreiben. Ich hoffe, daß diese Predigt ein paar dieser Barrieren beseitigen hilft, so daß jener Freiraum entsteht, wo Menschen sagen können: „Ich will meine Träume ernst nehmen und herausfinden, was sie mir zu sagen haben." Die westliche Welt hat in den letzten Jahrhunderten den Glauben an die Realität der spirituellen Welt so sehr unterdrückt oder ganz abgeschrieben, daß dabei die Fähigkeit, Träume zu verstehen und zu deuten, immer mehr verkümmert ist.

Es ist interessant, daß der Träumer Jakob einen Sohn hat, der auch ein Träumer ist: Joseph. Besser gesagt: Jakob hat zwölf Söhne. Die anderen elf Söhne sind pflicht- und verantwortungsbewußt. Sie machen, was ihr Vater ihnen sagt. Und doch scheinen sie ganz und gar nicht wie ihr Vater zu sein. Sie sind keine Träumer. Es heißt, daß Jakob seinen Sohn Joseph mehr liebte als seine übrigen Söhne – denn Joseph war der Träumer! Die Gabe des Träumens führt dazu, daß seine Brüder ihn hassen: *„Laßt uns den Träumer umbringen!"* Er stört ihre praktische, funktionale und zweckorientierte Welt. Sie haben keinen Platz für einen Mann, der in einem bunten Gewand umherstolziert, was ein weiteres Symbol für das Träumerische und den Träumer ist: Er kann das Leben in all seinen Schattierungen und Farben sehen. Er kann alle Seiten und Ebenen der Wirklichkeit wahrnehmen.

Weshalb hassen ihn seine Brüder wegen seiner Träume? Einmal sicher, weil der Inhalt seines Traumes – das merken sie sofort – seinen künftigen Aufstieg und ihren Abstieg vorhersieht. Aber sie hassen ihn auch, weil Träumer überhaupt unbequem sind.

Ich glaube, ich hätte diese Predigt vor einigen Jahren noch nicht gehalten. Es gibt Leute, in deren Leben es keinerlei Ordnung oder Disziplin gibt. Solche Leute begeistern sich sehr schnell für Themen wie dieses. Solch ein Thema scheint ihnen endlich zu erlauben, in irgendein Wolkenkuckucksheim zu entschweben oder irgendeiner subjektiven Spinnerei nachzulaufen und sie Wahrheit zu nennen. Mittlerweile sehe ich aber in unserer Gemeinschaft eher die Gefahr, daß wir so verkopft und vernünftig geworden sind, daß ich meine, es ist an der Zeit, daß wir uns für diese Gabe Gottes öffnen und lernen, mit ihr umzugehen.

Ich habe die Predigt *„Ungebetene Gottesboten“* überschrieben. Denn Nacht für Nacht sendet Gott diese Botschaften wie Engel auf der Himmelsleiter herab zu uns. Aber meistens empfangen wir sie nicht und lassen sie nicht herein. Es ist kein Zufall, daß es in der westlichen Welt, wo wir die nicht-rationale spirituelle Welt weitgehend geleugnet haben, eine so hohe Rate von Neurosen und Psychosen gibt. Denn wir verweigern uns einer der primären Heilungsgaben Gottes.

Beginnen wir mit einer ganz simplen Feststellung: Träume sind Tatsachen! Sie ereignen sich offensichtlich ständig, selbst wenn sich einige von uns nur selten an sie erinnern können. Wir alle träumen Nacht für Nacht während unserer sogenannten *REM-Phasen (Rapid Eye Movement*-Zeiten, in denen sich die Augen schneller bewegen), wie wissenschaftlich erwiesen ist. Gott muß einen Grund dafür haben, daß er das so gemacht hat. Träume sind eine universale Realität! Wir sagen oft eher abschätzig: „Ach, das war nur ein Traum!“ Wir müssen aber lernen, uns mit der empirischen Tatsache des Träumens auseinanderzusetzen und danach zu fragen, was sie wohl zu bedeuten hat. *C. G. Jung* sagt, die eigentlichen Träumer sind diejenigen, die völlig in der Außenwelt gefangen sind, während diejenigen, die die Freiheit haben, die Innenwelt anzuschauen, im eigentlichen Sinne „wach“ sind. Nur Menschen, die nach innen sehen können, können die Außenwelt verstehen. Wer diese Freiheit nicht hat, dessen Außenwahrnehmung wird von Illusionen getrübt, weil er ständig Opfer seiner Projektionen wird. Ein Traum dagegen erlaubt uns, die ganze Wirklichkeit und ihren Sinn tiefer zu erfassen.

Alle Menschen träumen, einige geben sich die Mühe, sich ihre Träume zu merken – und nur wenige machen etwas aus ihren Träumen und mit ihren Träumen. Menschen, die vom Träumen abgehalten werden, werden krank. Auch darüber gibt es gesicherte wissenschaftliche Erkenntnisse. Man bringt bei den Testpersonen Elektroden an, die die Hirnströme messen. Sobald das Träumen beginnt, wird man aufgeweckt. Ich weiß nicht, wer sich bei diesen Tests als Versuchskaninchen zur Verfügung gestellt hat. Jedenfalls war das Ergebnis: Menschen, denen zwei oder drei Nächte hintereinander das Träumen verweigert wird, beginnen zu halluzinieren, sie werden geistig und seelisch krank oder erleiden gar einen Nervenzusammenbruch. Das wird in bestimmten Diktaturen auch als Methode der Gehirnwäsche angewendet: Man verweigert den Gefangenen das Träumen.

Allein das beweist schon, daß uns Gott mit unseren Träumen eine Möglichkeit der Heilung und Konfliktbewältigung schenkt. Unsere Träume haben die Aufgabe, jene Geschichten unseres Lebens schöpferisch zum Abschluß zu bringen, die noch ungelöst und unerlöst sind.

Träume haben also tatsächlich einen *Sinn*. Alle Völker haben das immer gewußt – außer der westlichen Gesellschaft der letzten Jahrhunderte. Als ich neulich auf einer Vortragstour in Irland war, erzählte man mir, daß es dort üblich sei, daß die Großeltern jeden Morgen am Frühstückstisch ihre Träume erzählen. Einfache Menschen haben dazu einen unmittelbaren Zugang und sind nicht so blockiert wie wir.

Träume bedeuten in der Regel genau das, was sie sagen. Wir nehmen vielleicht zunächst an, daß sie aus einer Art exotischem Code bestehen, den es erst zu entschlüsseln gilt. Aber Träume haben gar nicht die Absicht, die Wahrheit zu verschlüsseln. Im Gegenteil: Sie wollen sie enthüllen. Jedoch haben wir ihre Sprache verlernt – das ist das Problem.

Die meisten von uns verstehen die Welt der Symbole nicht mehr. Wir sagen zum Beispiel: „Das ist *nur* symbolisch" – was so viel heißt wie: „Das ist bedeutungslos". Dieses Problem spielte übrigens auch bei den Abendmahlsstreitigkeiten der Reformationszeit mit, wo die Calvinisten sagten: „Brot und Wein sind *nur* Symbole". Schon damals war jene Fähigkeit weitgehend verschüttet, die Jesus als Hebräer ganz selbstverständlich hatte: nämlich zu verstehen, daß Symbole in sich mehr Kraft haben, Leben zu vermitteln und menschliche Situationen zu verwandeln, als es Worte allein je vermögen.

In der Sprache von Symbolen, Bildern und Geschichten redet Gott zu uns in unseren Träumen. Diese Sprache müssen viele von uns neu erlernen – abgesehen vielleicht von denen, die Künstler sind. Die meisten anderen, vor allem die Männer, die im Geschäftsleben oder im naturwissenschaftlichen Bereich arbeiten, sind oft völlig unfähig, mit Symbolen umzugehen. Wenn wir das aber nicht können, dann sehe ich keine Möglichkeit, wie ein kontemplatives Leben möglich sein soll – oder überhaupt ein Gebetsleben, das irgend einen nennenswerten Tiefgang hat. Denn ein *kontemplativer* Mensch ist letztlich jemand, der sich einem Bild aussetzen und zulassen kann, daß es sich seiner bemächtigt. Er hat den Bereich der Wörter, der Definitionen und der Theologie überschritten und ist in den Raum unmittelbarer Wirklichkeitserfahrung eingetreten. Die unmittelbare Erfahrung der Wirklichkeit ereignet sich jenseits der Wörter.

Für viele von uns, besonders für solche, die ein hohes Bildungsniveau haben, ist all das etwas, was wir geradezu einüben müssen. Das Gebet ist eine der besten Methoden, um Zugang zu finden zu dieser Welt. Wir brauchen Zeiten, wo wir einfach da sind und die Symbole der Wirklichkeit zu uns sprechen lassen.

Träume bezwecken unsere Ganzwerdung. Selbst Alpträume sind ein massiver Ruf zur Ganzwerdung, den wir nur bisher lange Zeit überhört haben. Schließlich meldet sich jener Teil von uns, den wir verleugnen, mit unüberhörbarer Gewalt. Auch die Alpträume wollen uns nicht in erster Linie erschrecken, sondern sie dienen unserem inneren Wachstum und unserer Reifung. Sie wollen etwas in uns zur Lösung bringen, das verleugnet und verdrängt ist.

Träume wollen dafür sorgen, daß wir ehrlich und echt werden.

Wenn wir auf ihre Stimme nicht hören, dann hat das wahrscheinlich zur Folge, daß sich in unserem Leben eine Menge Unehrlichkeit und Unechtheit einstellt.
Ich habe in meinem bisherigen Leben vielleicht ein halbes Dutzend Träume gehabt, von denen ich weiß, daß sie mich tief angerührt und geöffnet haben. Das ist für 39 Lebensjahre nicht viel und zeigt, wie verkopft auch ich bin. Aber wenn diese wichtigen Träume den Durchbruch schaffen, dann offenbaren sie mir meine Geschichte. Sie wissen sozusagen, wer ich bin. Sie zeigen mir mein unbewußtes tiefstes Selbst und laden mich ein, am Fortschritt und an der Verwirklichung dieser Geschichte aktiv zu partizipieren. Wenn die Umstände, die Gesellschaft, ein anderer Mensch, meine Lebenssituation oder mein Beruf diese meine Geschichte blockiert und mich daran hindert, meinem wahren Selbst und damit dem Willen Gottes treu zu sein, dann kommen meine Träume und versuchen mich dazu zu bewegen, zu meiner Geschichte zurückzufinden.
Unterschiedliche Traditionen hatten dafür unterschiedliche Namen: *Schicksal* oder *Bestimmung* zum Beispiel. Wir benutzen diese Begriffe nicht so gern, weil sie nicht biblisch sind. Aber jede Religion versucht, dieselbe Realität zu beschreiben. Die Religionen des Ostens reden vom *Karma,* dem niemand entkommen kann. Wir reden lieber vom *Willen Gottes.* Oder wir reden von der *Seele* oder dem *Wahren Selbst,* weil Gott uns alle dazu beruft, das zu werden, was wir eigentlich sind. Zu werden, was ich bin – das ist meine Geschichte. Mein Ich weiß in seiner Tiefe, da wo es frei und ganz ist, wer ich bin. Es kennt meine Geschichte.
Wenn ich mein wahres Selbst, meine Identität und meine Geschichte Jahre und Jahrzehnte verleugne, dann liegen die Folgen auf der Hand, und wir sehen sie: Psychosen, Neurosen, geistige und seelische Krankheiten, alle Arten von psychosomatischen Störungen ...
Ich hatte neulich ein längeres Gespräch mit einem pensionierten Hautarzt, der schon Ende 60 war. Dieser Arzt sagte: „Ich glaube, daß 90 bis 95 Prozent aller Hautkrankheiten, mit denen ich zu tun hatte, psychosomatisch bedingt sind." Sie sind da. Aber sie sind nichts als die Außenseite, die körperliche Manifestation dessen, womit sich die innere Welt nicht befassen will. Schließlich zeigt sich das alles auf der Haut. Der Arzt sagte, Ekzeme und

Abszesse treten besonders bei Leuten auf, die nie gestreichelt oder in den Arm genommen werden. Wo keine Zärtlichkeit ist und kein Körperkontakt, da beginnt die Haut irgendwann, sich zu beschweren, so als wollte sie sagen: „Streichelt mich! Berührt mich!" Der Körper weiß, wann wir Mangel leiden und nicht ganzheitlich leben. Wenn wir nicht lieben und nicht geliebt werden, dann fehlt etwas. Wo keine Liebe ist, da kennt unser Körper viele Arten und Wege, danach zu schreien. Und auch unsere Träume sagen uns, was uns fehlt.

Seelische Krankheiten können also engstens damit zusammenhängen, daß unsere Geschichte verleugnet oder abgewürgt worden ist. Ich glaube nicht, daß Träume lügen können; sie sagen uns immer die Wahrheit. Denn die äußere, „objektive" Wirklichkeit und die innere, „subjektive" Wirklichkeit sind letztlich eins. Wir nennen gerne Leute, die sich mit ihrer Innenwelt befassen, „subjektiv". Wir merken aber immer mehr, daß das nicht unbedingt der Wahrheit entspricht. Auch in unserem Inneren gibt es eine Instanz, die genauso „objektiv" ist wie das, was wir in der Außenwelt „objektiv" nennen. Wir haben es mit zwei realen, objektiven Welten zu tun: Mit der physischen Außenwelt *und* mit der psychischen Innenwelt. Die Innenwelt ist unsichtbar – außer für die Phantasie und die Imagination. Es bedarf allerdings einer disziplinierten Phantasie, die die Freiheit gefunden hat, zu hören und sich selbst zu verstehen.

Diese Auffassung unterscheidet sich grundlegend von der landläufigen Meinung und von dem, was ich noch in meiner Ausbildung gelernt habe. Die emotionale Welt im Inneren galt damals als die Welt einer schlampigen Subjektivität. Vielleicht war sie das auch – aber nur, weil wir nicht tief genug gehorcht haben. Letzte Woche korrigierte mich jemand nach einem Vortrag und sagte: „Ich glaube nicht, daß Frauen wirklich mehr und besser fühlen können als Männer. Sie sind vielleicht manchmal emotionaler. Aber die Welt der Gefühle liegt viel tiefer. Es erfordert Disziplin und Arbeit, auch geistige Arbeit, um in diese Welt vorzudringen. Männer wie Frauen müssen erst noch lernen, tief und ‚diszipliniert' zu fühlen." Würden wir verstehen, daß es sich hier um eine objektive Realität handelt, deren Erforschung genauso sinnvoll ist wie die Eroberung der Außenwelt – ich glaube, die Kirchen bei uns wären überfüllt.

Uns im Westen fällt es schwer zu *glauben,* weil wir erlebt haben, was aus der Religion geworden ist. Zudem haben wir alles abgeschrieben, was in die Welt der Technik und der Wissenschaft nicht hineinpaßt. An diese kalkulierbare Welt glauben selbst wir Christen mehr als an die Innenwelt. Das werfe ich zum Teil der Kirche selbst vor. Denn dieser Bereich hätte unsere Domäne sein müssen, hier hätten die Menschen von uns Kompetenz und geistige Führung erwartet. Statt dessen ist die Kirche selbst immer materialistischer geworden. Sie ist selbst in der vergänglichen Welt gefangen und scheint ihr eigenes „Firmenprodukt“ nicht mehr zu verstehen: die spirituelle Welt, die ihre eigenen Gesetze und ihr eigenes Geheimnis hat.

Ich glaube also nicht, daß Träume lügen. Sie können allerdings fehlinterpretiert werden. Sie wissen ganz genau, wo ich in dieser Epoche, an diesem Tag meines Lebens stehe. Sie fordern etwas von uns. Man soll sich nicht einbilden, daß es sich hier um eine nette, weiche Wohlfühlwelt handelt. Diese innere Objektivität fordert, sobald wir uns auf sie einlassen, Reifung und Wahrhaftigkeit. Vielleicht ist auch das einer der geheimen Gründe, weshalb wir unsere Träume oft so schlecht behandeln. Sie haben eine Absicht und ein Ziel.

Wenn wir nach und nach herausfinden, daß unsere Träume tatsächlich ein Ziel mit uns verfolgen, daß es da eine innere Logik und ein erkennbares Muster gibt, dann drängt sich immer mehr die Frage auf: „Wer oder was steckt *hinter* den Träumen? Wer ist mein innerer Träumer?“ Wenn das alles zielorientiert ist, dann beginnen wir nach Jahren zu ahnen, daß da eine Intelligenz dahinterstecken muß – und dann ist der Schritt nicht mehr weit zu der Annahme, daß da ein Gott sein muß, ein Herr der Träume. Wenn die westliche Welt anfängt, diese inneren Muster zu sehen und zu begreifen, dann ist sie, wie Jesus einmal zu einem Pharisäer sagt, *„nicht fern vom Reich Gottes“*.

Die Träume lassen uns nicht nur ahnen, daß es da eine Art höhere Intelligenz geben muß, sondern daß diese Intelligenz gnädig ist, daß sie es gut mit uns meint. Denn unsere Träume meinen es gut mit uns.

Steven Spielberg weist uns mit seinen Filmen wie *E. T.* oder *Unheimliche Begegnung der dritten Art* auf diese Tatsache hin und tut unserer Welt damit einen unglaublich wichtigen Dienst. Er sagt dieser technisch-rationalen Gesellschaft, daß es noch eine andere Welt gibt. Die meisten Menschen glauben das nicht. Und er geht sogar einen Schritt weiter und stellt diese andere Wirklichkeit nicht als Horror-Welt dar (wie so viele frühere Science-Fiction-Filme), sondern als Welt der Gnade und Liebe und Freundlichkeit. Wer sagt denn, daß die spirituelle Welt eine schreckliche Welt sein muß? Spielberg zeigt sie als wunderbare Welt. Man sollte sich also *E. T.* ansehen und die Taschentücher nicht vergessen. Selbst Männer heulen wie die Schloßhunde! Spielberg möchte den Menschen – er sagt das ausdrücklich – eine Begegnung mit dieser anderen Welt vermitteln. Der kleine Junge, der sich mit E. T. anfreundet, muß rülpsen, wenn E. T. Bier trinkt – so verbunden sind die beiden innerlich. Der Junge, der anfangs ziemlich wild und gewalttätig ist, muß nach der Begegnung mit E. T. all die Frösche im Biologiesaal befreien, weil er jetzt ins Leben und in die Freiheit verliebt ist. Die Liebe zum Leben ist nicht möglich ohne inneren Kontakt zur Welt des Geistes. Das ist – nebenbei bemerkt – der Sinn des Betens. Gott ruft uns alle zu dieser Einheits-Erfahrung. Wenn uns E. T. helfen kann, das zu verstehen, dann ist er das Geld für den Kinobesuch wert.

Träume befassen sich nicht nur mit unserer eigenen inneren Welt, sondern sie haben Teil an der gesamten spirituellen Welt. Sie wissen mehr als wir als einzelne wissen können. Auch dieses Wissen ist weitgehend aus der Kirche ausgewandert und taucht jenseits der Kirchenmauern in Form von PSI-Phänomenen wie Hellsehen auf. In der Bibel ist das die Gabe der Prophetie. Menschen, die tief genug hören, nehmen nicht nur ihre eigene innere Stimme wahr, sondern auch – besonders wenn sie gemeinschaftsfähig und liebesfähig sind – die innere Wirklichkeit anderer Menschen. Propheten haben einfach *gewußt*, wie die Dinge stehen und wie alles miteinander zusammenhängt, weil sie mit Gott und mit dem ganzen Volk in Verbindung und Einklang waren.

Träume behandeln uns so, wie wir sie behandeln. Wenn wir auf sie hören und ihre Botschaft achten, dann hören sie auf uns – und *für* uns! Wenn wir sie verleugnen und zurückweisen, werden wir auch von ihnen Ablehnung und Verleugnung erfahren. Das kann sich darin äußern, daß wir niemals wirklich zu uns selbst finden, weil wir unsere Geschichte nicht kennen. Die Folge ist, daß viele

Menschen einfach das nachmachen, was ihnen die Masse vorlebt: Man wächst auf, geht zur Schule, sucht sich einen Job, heiratet, hat Kinder, kämpft um den Arbeitsplatz (um die Raten zu bezahlen), wird pensioniert und stirbt. Und dann soll angeblich noch irgend etwas danach kommen – oder auch nicht. Diese Menschen haben nie ihre eigene Geschichte entdeckt: „Wer bin ich – abgesehen von meiner Ehe, meiner Mutterrolle, meiner Vaterrolle?" Nur wir selbst können herausfinden, wer wir sind – und deshalb können letztlich nur wir selbst unsere Träume deuten.

Träume bringen unsere unbewußte Schattenseite ans Licht, wie wir in der Lesung aus dem Hiobbuch sahen: Sie *„bewahren die Seele vor dem Verderben"*. Sie tun das in einer Weise, die uns einlädt, diese Schatten zu erkennen und anzunehmen. Wenn wir das nicht tun, werden unsere Träume allerdings mit Nachdruck Beachtung fordern.

Träume haben auch eine kompensatorische Funktion: In unseren Träumen leben wir das aus, was wir im Wachzustand zu kurz kommen lassen. Ein Intellektueller zum Beispiel, der sich mit dem Leben hauptsächlich rational auseinandersetzt, hat ganz sicher hochgradig gefühlsbetonte Träume. Ein übermaskuliner Mann hat höchstwahrscheinlich sehr verführerische Sexualträume von nackten Frauen. (Übrigens hat jeder sexuelle Träume: Mutter Teresa, Papst Johannes Paul II. – jeder! Weil wir alle ständig versuchen, zur Ganzheit zu gelangen. Und das elementarste und universalste Symbol für Polarität und Gegensätzlichkeit ist das Gegensatzpaar männlich/weiblich. Beide wollen sich in uns vereinen. Sexuelle Träume bedeuten also nicht, daß wir eine schmutzige Phantasie haben oder Ferkel sind. Im Gegenteil: Wenn wir versuchen würden, solche Träume zu unterdrücken, würden sie wahrscheinlich eher zunehmen).

Das Weibliche in uns Männern versucht in den Träumen, einen Zugang zu unserer übermächtigen männlichen Seite zu finden. Es versucht, ihn sensibler, intuitiver, weicher, poetischer zu machen – wovor der Macho-Mann natürlich Angst hat. Ebenso wird eine allzu anschmiegsame, sentimentale und emotionale Frau in ihren Träumen einige Symbole antreffen, die sie selbstbewußter, entschlußfreudiger und im guten Sinne „härter" machen wollen.

Träume stellen die Verbindung zu unserer Vergangenheit her, indem sie Konflikte lösen und heilen, deren Wurzeln in der Vergangenheit liegen. So bereiten sie uns für unsere wahre Zukunft vor. Denn sie wissen, wer wir sind und wollen uns helfen, zu werden, wer wir sind.
Träume sind offen für die religiösen Symbole der spirituellen Welt – und damit für Gott. Wenn wir unser geistliches Leben und unser Gebet vertiefen wollen, dann müssen wir uns irgendwie für diese Welt öffnen. Einer der einfachsten und zugänglichsten Wege in diese Welt ist der bewußte Umgang mit unseren Träumen.
Hier einige wenige Faustregeln zur Deutung eigener Träume: Etwas weiter hinten in der alttestamentlichen Josephsgeschichte kommen die beiden Beamten des Pharao zu Joseph, der mit ihnen im Gefängnis sitzt. Sie wissen, daß er etwas von Träumen versteht. Sie erkennen in ihm den Sohn seines Vaters Jakob, den Träumer, den Mann mit dem bunten Rock. Sie hatten beide einen Traum, dessen Bedeutung sie nicht verstehen. Joseph antwortet ihnen: *„Auslegung kommt von Gott“* – man fürchtet schon, er würde sich weigern, die Träume zu interpretieren. Aber dann fährt er interessanterweise fort: *„Kommt, erzählt mir eure Träume“* (1. Mose/Gen. 40, 8). Die Deutung kommt von Gott – und doch müssen wir lernen, sie selbst zu finden, indem wir miteinander darüber reden. Schon durch die Mitteilung eines Traumes ereignet sich etwas.
Die Hauptregel lautet: *Jeder Traum, den ich habe, handelt von mir selbst.* Es geht immer um meine Bedürfnisse, meine Beziehung zu mir selbst und meine vielen Seiten. Manchmal sammelt ein Traum zunächst Tagesreste auf. Er zieht Linien, die tagsüber unvollendet geblieben sind, gleichsam weiter. Das ist auch heilsam, aber nicht so bedeutend. Dagegen weiß jeder von uns automatisch und intuitiv, wann wir einen wichtigen Traum haben – *Jung* spricht von „Großen Träumen“.
Der Traum redet nicht in erster Linie über meinen Vater, auch wenn der vorkommt. Er redet von meiner eigenen Vater-Seite oder von meiner eigenen männlichen Seite. Vielleicht ist es auch meine Autoritäts-Seite oder Angst-Seite – was immer mein Vater für mich repräsentiert und symbolisiert. Wenn ich als Mann von einer schönen Frau träume, dann zeigt mir der Traum in

Wirklichkeit meine *anima,* meine weibliche Seite, die um Anerkennung und Annahme bittet. Nochmals: Alles bin ich. Alle Figuren meines Traumes agieren wie Schauspieler auf einer großen Bühne und stellen die verschiedenen Seiten in meinem Lebens-Szenarium dar.

Das alles führt zu dem Schluß, daß letztlich nur ich selbst fähig bin, die Deutung zu finden. Je mehr ich innerlich reife, desto leichter wird mir das gelingen. Es beginnt damit, daß ich mir die Träume merke, indem ich z. B. ein Traumbuch führe, das auf meinem Nachtkasten liegt. Langsam beginne ich, immer wiederkehrende Muster zu finden.

Schließlich kann ich in meinen Träumen die großen Symbole der Natur und der Kulturgeschichte entdecken, die *Jung* „Archetypen" genannt hat. Vor einigen Jahren habe ich einmal einem Mann aus unserer Gemeinschaft gesagt, daß der Stier ein archetypisches Symbol für die männliche Sexualität ist. Dieser Mann war in seinen Träumen wochenlang von einem Stier verfolgt worden. Ich schlug ihm vor: „Wenn der Stier das nächste Mal in deinem Traum auftaucht, dann drehst du dich einfach um und küßt ihn. Du mußt diese Seite in dir annehmen. Du rennst vor deiner Sexualität davon." Das hat der Mann tatsächlich gemacht. Ein paar Nächte später kam der Stier wieder, der Mann drehte sich um und küßte ihn. Der Stier verschwand dann auf Nimmer-Wiedersehen. Das heißt nicht, daß seine männliche Sexualität jetzt weg war. Aber sie bedrohte ihn nicht mehr. Er mußte nicht mehr davonlaufen. Er hatte sie angenommen und mit ihr Freundschaft geschlossen.

Beachtet die Details des Traumes! Nichts ist unwichtig. Die kleinste Nebensache kann bedeutsam sein. Ich kann selbst nicht glauben – verzeiht den Kalauer! –, wie kreativ ich im Bett bin. Ich bin im Bett viel kreativer als im Wachzustand. Ich produziere Nacht für Nacht die phantastischsten Szenen, Bilder und Dramen. Kaum bin ich wach, werde ich vergleichsweise langweilig. Und doch ist beides ein- und dieselbe Person. Wenn wir diese Kreativität freisetzen könnten! Welcher Reichtum wäre das für unser Leben und für die Kirche!

Neulich habe ich zu jemandem gesagt, der sich beklagt hat, daß sich unsere Gemeinschaft in bestimmten Bereichen nicht genügend engagiert: „Ich glaube nicht, daß es bei uns an gutem

Willen fehlt. Bei uns gibt es eine ungeheure Sehnsucht, den Willen Gottes zu tun und das Evangelium zu leben. Aber was vielleicht vielen von uns fehlt, das ist Kreativität. Uns fehlen oft Einfälle, was man tun könnte und wie. Da sind wir oft zu unbeweglich.“ Gerade die Träume können unsere Phantasie beflügeln. Sie steckt bereits in uns.

Schließlich: Denkt daran, daß der „Fürst der Finsternis“, der „Vater der Lüge“ – das sind zwei biblische Namen für den Teufel – ein immenses Interesse daran hat, daß wir unwissend bleiben und daß wir die Wahrheit *nicht* erkennen, die frei macht. Er möchte, daß unser Leben im Dunkel bleibt. Er möchte, daß wir an unseren Lebenslügen festhalten. Er möchte uns verwirren, bis wir Lügen über uns selbst glauben. Er ist immer der Ankläger, der will, daß wir im Zweifel und in der Angst gefangenbleiben. Der Heilige Geist dagegen heißt im Johannesevangelium *Paraklet,* übersetzt: Rechtsanwalt. Juristisch gesprochen ist Satan der Staatsanwalt, Gottes Geist dagegen unser Verteidiger. Wir haben uns viel zu lang vom Teufel einschüchtern lassen. Das Werk des Geistes besteht darin, daß er uns durch die Finsternis an das Licht Christi bringt. Wir müssen uns vor nichts fürchten, was am Licht ist. Bei Christus erfahren wir, wer wir wirklich sind.

Wer es wagt, sich auf die innere Reise zu machen – nicht nur ein bißchen, sondern konsequent immer weiter –, der wird zu einer neuen Art von Objektivität vorstoßen und auch zu einer neuen Beziehung zur Außenwelt. Es geht nicht um endlose Innenschau. Im Gegenteil: Menschen, die den Weg ganz nach innen wagen, werden schließlich geradezu nach außen getrieben. Sie werden fähig, sich der Außenwelt mit all den Konflikten zu stellen, denen wir uns in unserer heutigen geschichtlichen Situation stellen müssen. Und sie werden die Freiheit haben, dort außen mit innerer Autorität zu handeln und etwas zu bewirken.

Zum Weiterlesen:

Hark, Helmut: Der Traum als Gottes vergessene Sprache. Symbolpsychologische Deutung biblischer und heutiger Träume. Heitersheim, Walter-Verlag, 3. Auflage 1985.

Kelsey, Morton T.: Träume – ihre Bedeutung für den Christen. Metzingen, Franz-Verlag, 2. verb. und erw. Aufl. 1981.

REZEPTE EINES GEBETS-GOURMETS
Ein persönliches Zeugnis

Glaube in den Kinderschuhen

Gebet war in jeder Phase meines Lebens etwas anderes. Es ist ein Prozeß. Wer behauptet, Gebet sei für ihn zeitlebens dasselbe geblieben, sagt nicht die Wahrheit. Gebet verändert sich so grundlegend, daß man das, was man in einer Periode des Lebens Gebet nennt, in einer anderen kaum so bezeichnen würde. Die ersten Erfahrungen, die ich heute Gebet nennen würde – damals hätte ich sie nicht so genannt –, hatte ich während meiner Grundschuljahre in Topeka/Kansas. Es klingt wahrscheinich sehr altmodisch katholisch, aber ich machte diese Erfahrungen als Ministrant in der Maria-Himmelfahrt-Pfarrei. Ich mußte zeitig aufstehen, um bei der Messe zu dienen. In der Kirche fühlte ich mich wohl und ging samstags oder nach der Schule oft allein dorthin. Ich pflegte mich dort einfach lange hinzuknien – das gab mir ein Gefühl, ganz da zu sein, ein Gefühl von Geborgenheit und Wärme.

Dabei spürte ich, daß mein Leben eine Mitte hatte und nicht sinnlos und zersplittert war; es gab etwas, was mein Leben zusammenhielt. Dieses Erlebnis zentrierte mich gleichsam, bevor ich in eine disparate Welt aufbrach. Dieses disparate Lebensgefühl habe ich später bei vielen jungen Menschen angetroffen, mit denen ich zu tun hatte. Sie müssen ungeheure Anstrengungen aufbringen beim Versuch, sich selbst einigermaßen beisammen zu halten. Ich brauchte das nicht. Ich kann mich an mindestens ein halbes Dutzend Gelegenheiten erinnern, wo ich diese Grunderfahrung gemacht habe. Das war zwischen der vierten und der achten Klasse und passierte nicht nur in der Kirche, sondern auch in der Natur – zum Beispiel im Garten hinter unserem Haus. Ich war dabei immer allein.

Ich möchte jenen Erlebnissen keinen übertrieben mystischen Sinn zuschreiben. Jedenfalls schien dabei jedes Mal die Zeit und alles stehenzubleiben. Ich wußte einfach, daß das Leben vertrauenswürdig war. Ich wußte, daß das Leben gut war und einen Sinn hatte. Es war nicht absurd. Die Folge solcher Augenblicke war immer eine große Freude.

Einmal war ich draußen auf einem Feld. Ich war unterwegs zu einem Pfadfindertreffen und hatte meine Uniform an. Es war schon dunkel. Plötzlich überkam mich ein starkes Gefühl von der Gegenwart Gottes – und davon, daß Gott gut war. Ich mußte niederknien. Schließlich sprang ich auf und ging zu meinem Treffen. Es gab niemanden, mit dem ich über diese Erlebnisse reden konnte. Das war damals nicht die Zeit für religiöse Erfahrungen. Es war die Zeit der Gesetze und Strukturen. Aber diese Erlebnisse gaben mir Geborgenheit. Weil Gott für mich so real war, wollte ich Priester werden. Während meiner Zeit im Priesterseminar zweifelte ich niemals ernsthaft an meiner Berufung. Die Gotteserfahrung meiner Jugend war mir innerlich so gewiß, daß sie einen Großteil der üblichen Ängste von mir nahm. Ich hatte eine zentrierende Erfahrung gemacht, die alles andere – einschließlich der kirchlichen Enge und Gesetzlichkeit – nur wie überflüssiges Beiwerk erscheinen ließ.

Ungefähr 1957 las ich *Felix Timmermans Buch „Franziskus"*, die populär geschriebene Lebensgeschichte des Franz von Assisi, eine Art Klassiker dieser Literaturgattung. Ich sah in Franz, was jeder in ihm sieht. Als junger Bursche auf der Suche nach Freiheit und Abenteuer fand ich in ihm meinen Leitstern. Er wurde mein Held. Er wagte alles und fand einen Weg zum Glück in dieser Welt. Der fröhliche Bettler, der freie Mann, der sich von den Systemen dieser Welt nicht vereinnahmen ließ – er erregte meine Bewunderung. Ungefähr zur selben Zeit hielten zwei Franzsiskaner-Patres eine Einkehrwoche in meiner Heimat-Pfarrei. Ich hatte nie zuvor einen Franziskaner gesehen, aber als ich sah, wie sie in ihren braunen Kutten mit dem weißen Strick daherkamen, sagte ich: „Genau das will ich werden." Deshalb zog ich nach der achten Klasse, ich war gerade vierzehn, nach Cincinnati/Ohio, um bei den Franziskanern einzutreten.

Als ich mit neunzehn Novize war, begann ich, die bedingungslose Liebe Gottes übermächtig zu erleben. In der Sprache der charismatischen Bewegung würde ich sagen: Ich wurde im Heiligen Geist getauft. Die ganze Gesetzlichkeit, die man uns beibrachte – es war 1961, noch vor dem Zweiten Vatikanischen

Konzil! – löste sich in nichts auf. Damals beschäftigte man sich ständig mit Regeln und Gesetzespflichten und sang endlose lateinische Messen. Das ganze war für mich ziemlich trocken und steril; ich glaube, für die meisten meiner Klassenkameraden auch. Ich hatte immer versucht, der Musterknabe zu sein. Ich sehe mich noch wie heute, was für ein kleiner Pharisäer ich war. Ich wollte alles perfekt machen, perfekt und nochmals perfekt. Mitten im Schuljahr war das zu einer riesigen Last geworden. Da kniete ich eines Tages in der Kirche, und plötzlich überkam es mich wie von einer Stimme: „Ich bin Liebe, ich bin dein Vater. Es ist alles o. k. Alles andere ist unwichtig." Danach war ich erstaunlich frei. Es war wie eine Fortsetzung jener ersten religiösen Erfahrungen, aber auf einer viel tieferen Ebene. Es war das Gefühl einer verschwenderischen, bedingungslosen Liebe und einer tiefen Geborgenheit.

„Bruder Fröhlich" und die Bibel

Ich glaube, meine nächste große innere Öffnung erlebte ich in meinem ersten Jahr im St.-Leonhard-Seminar in Dayton/Ohio, wo ich in meinem ersten theologischen Jahr mit dem Studium der Bibel begann. Seitdem hat meine Liebe zur Heiligen Schrift nicht aufgehört. Beim Lesen der Evangelien – ich las damals die Bibel mindestens zweimal von vorn bis hinten – habe ich mich geradezu verliebt in das, was ich erfuhr. Und ich geriet in Aufregung, weil ich das Gefühl hatte, die meisten Leute hätten den springenden Punkt total verpaßt. Wahrscheinlich bin ich ungeheuer arrogant, aber ich bin noch immer der Meinung, die meisten haben das Entscheidende nicht begriffen. Deswegen verließ ich mich auf meine eigene Schriftauslegung. Sie entsprach meinem inneren Weg, der mich über das Gesetz hinaus in den Raum des Geistes geführt hatte. Für mich vollzog die Bibel den gleichen Schritt. Die Heilige Schrift war mein zweites Befreiungserlebnis. Damals nannten sie mich „Brother Happy" – Bruder Fröhlich. Das war ich auch. Und ich konnte gar nicht darauf warten, zum Priester geweiht zu werden, weil ich anderen Leuten die Wahrheit weitergeben wollte, die ich erkannt hatte – falls das nicht zu eingebildet klingt. Ich wußte: Mein Herz war durch Gott befreit worden und mein Kopf – durch die Bibel.

Zunächst fiel mir das Grundmuster der Bibel auf. Ich merkte, daß sie über einen Glaubensprozeß, eine Reise des Glaubens redete. Sie sprach nicht über „Religion". Im Gegenteil: ich bemerkte, wie anti-religiös die Bibel war. Das stimmt bereits für das Alte Testament. Da ist zum Beispiel das Volk damit beschäftigt, den Tempel zu bauen oder liturgische Rituale zu zelebrieren. Und dann kommen die Propheten im Namen Gottes und sagen: „Das will ich nicht! Ich will Barmherzigkeit, keine Opfer!"
Etwas ähnliches ereignete sich in meinem Inneren. Ich fing als religiöser, katholischer und konservativer Junge aus Kansas an (was übrigens kein schlechter Start ist!) und erlebte dann eine Art Durchbruch. Religion ist nur die äußere Schale, eine Art Gerüst. Irgendwann muß das Gerüst abgebaut werden. Ich erlebte, wie sich die meisten Menschen am Gerüst festklammerten, genauso wie einst die Pharisäer. Ich sah, wie Jesus diese Haltung durchbrach. Bei den meisten Leuten schien es nie zu solch einem Durchbruch zu kommen. Sie machten niemals die Reise über die Religion hinaus zum Glauben. Um nämlich das zu schaffen, ist etwas zweites nötig, was mir ebenfalls in der Schrift begegnet ist: eine tiefe Erfahrung der bedingungslosen Liebe Gottes.

Leider sind in unserer kirchlichen Sprache Wachstumsprozesse und Lebensreisen kaum vorgesehen. Unsere Sprache verkündet Resultate, Ergebnisse, ewige Wahrheiten. Sie ist nicht offen und vorläufig. Schon in der ersten Klasse lernen wir die Schlußfolgerungen. Wir sprechen weniger eine Wachstums- als eine Beharrungssprache. Man bringt uns bei, daß wir an den feststehenden Schlußfolgerungen auch festhalten müssen – anstatt uns im Laufe unseres Wachstumsprozesses auf neue Erfahrungen einzulassen.

Außerdem machte ich die traurige Entdeckung – und deshalb gefielen mir die Charismatiker so gut –, daß die meisten Leute keine Liebhaber Gottes waren. Nach meinem wohl etwas barschen Urteil hatten die meisten Leute vor allem Angst vor Gott. Deswegen versuchten sie, Gott irgend etwas zu beweisen, die Liebe eines Gottes zu verdienen, an dessen Liebe sie eigentlich nicht glaubten. Zu einem liebenden, väterlichen und mütterlichen Gott hatten sie keine echte und unverkrampfte Beziehung. Da gab es einfach zu viele Ängste. Sie konnten nicht glauben, daß Gott sie mochte. Und, wenn sie vor sich selbst wirklich ehrlich waren, dann mußten sie zugeben, daß sie selber Gott auch nicht mochten. Sie würden zwar bekennen, Gott zu „lieben“ – das Wort „lieben“ ganz bewußt in Gänsefüßchen! Natürlich gab es immer jenes Gerede: „Ich liebe Gott und Gott liebt mich“ etc. Aber wenn ich in der Seelsorge etwas weiter in die Tiefe vordrang, dann stellte sich bald heraus, daß die meisten im Grunde eine Wut auf Gott hatten – und Angst vor ihm. Allein durch das kontemplative Element in meinem Leben, durch Stille und Gebet, durch die Erfahrung der Gegenwart Gottes, kam es bei mir zum Durchbruch. Und das war immer die Erfahrung bedingungsloser Liebe.

Der mystische Punkt

Vorherrschend war dabei das Gefühl einer intensiven inneren Vitalität, weil ich wußte: Das ist es. Aber zwischen dieser Erfahrung und arroganter Selbstgerechtigkeit verläuft eine sehr dünne Linie, vor allem, wenn man sieht, wie sich andere Leute mit äußerer Religiosität und Gesetzlichkeit begnügen. Diese Linie habe ich leider bis zum heutigen Tag oft überschritten. Ich bin anfällig für Selbstherrlichkeit, rasche Urteile und Zynismus. Das ist meine Sünde. Es ist wirklich eine sehr feine Linie. Manchmal möchte ich Leute, die sich hinter äußeren Formen verschanzen, einfach durchschütteln. Ich tue das ganz unbewußt; ich will ihnen einfach sagen: „Komm doch da raus, komm doch endlich, komm doch!“ Menschen entwickeln gewaltigen Widerstand, wenn man anfängt, von Nähe, Liebe, Durchbruch, Wachstum, Weg und bedingungsloser Hingabe zu reden. Das ist die Sprache der Passion – die Sprache von Leiden und Leidenschaft. Sie macht den Menschen Angst. Sie wollen einen leidenschaftslosen Gott, einen Gott ohne Passion. Als ich einen „passionierten“ Gott erlebte, dem ich glauben konnte, daß er mich gern hatte, einen Gott, der selbst „fühlte“ – wenn ich so menschlich von Gott reden darf –, da löste das einfach innere Lebendigkeit, Begeisterung und Freude aus. Davon wollte ich allen Leuten erzählen.

Ich wurde 1970 in der Pfarrei zum Reinen Herzen Mariens in West-Topeka zum Priester geweiht. Meine Eltern leben dort bis heute. Diese Kirche liegt zufällig genau an dem Ort, wo die amerikanische Pfingstbewegung angeblich begonnen hat. Damals stand an der Ecke von der 17. Straße und Stone Street ein großes Haus, das *Stone's Folly* hieß. An dieser Straßenecke befindet sich heute die Kirche zum Reinen Herzen Mariens. Dieses Haus soll das vornehmste und größte Haus gewesen sein, das um die Jahrhundertwende in Topeka stand. Ein Mr. Stone hatte diese Villa errichtet. Im Jahre 1900, als er ausgezogen war, versammelte sich eine Gruppe evangelikaler Christen in diesem Haus. Sie nannten sich *Charles Parhams Bibelschule*. Silvester 1900, also am letzten Abend vor Anbruch des neuen Jahrhunderts, trafen sie sich und verpflichteten sich, ein Jahr lang zu beten und die Bibel zu studieren, um die verschütteten Gaben des Heiligen Geistes neu zu entdecken. Der Überlieferung zufolge begannen sie genau ein Jahr später, wieder am Silvesterabend, in Zungen zu reden[1]. Das ganze klingt fast zu dramatisch, um wahr zu sein, das Timing und alles. Aber so soll es gewesen sein. Viele datieren hier den Anfang der modernen Pfingstbewegung.

Sei es, wie es sei: Ich wußte bis zum Tag meiner Priesterweihe am 13. Juni 1970 nichts von dieser Geschichte. Als ich nach der Ordination zum Händeschütteln am Ausgang stand, kam eine Frau auf mich zu und sagte: „Der Heilige Geist wird Sie benutzen!". Ich erwiderte etwas wie „Ja, ja, ich weiß." (Ich hatte diese Selbstsicherheit, weil ich gerade geweiht worden war und so). Sie wollte mit mir reden und erzählte mir später diese ganze Geschichte. Wie sich zeigte, war sie eine katholische Charismatikerin. Der Herr hatte ihr gezeigt, wie sie sagte, daß ich der erste katholische Priester sei, der genau dort geweiht wurde, wo vor genau 70 Jahren die Pfingstbewegung angefangen hatte. Wie so viele Charismatiker hatte die Frau ein Faible für Zahlensymbolik, und die 70 Jahre waren für sie natürlich auch tief symbolisch.

1 Zungenreden oder Glossolalie: Das Gebet in einer unbekannten oder bekannten Sprache, die der Beter nicht gelernt hat. Nach 1. Kor, 12–14 eine Geistesgabe, wiederentdeckt durch die Pfingstbewegung und seit den 60er Jahren auch in der Charismatischen Bewegung innerhalb der Großkirchen häufig anzutreffen.

Sie erinnerte sie an die 70 Jahre der „babylonischen Gefangenschaft“ des Volkes Israel. Meine Weihe war für sie ein Symbol dafür, daß nun endlich die institutionalisierte Kirche die charismatische Erfahrung zuläßt. Zu dieser Zeit hatte ich selbst noch keinerlei Berührung mit der charismatischen Bewegung gehabt. Die Frau kam mir auch – ehrlich gesagt – ein bißchen merkwürdig vor. Aber genau ein Jahr später begannen in Cincinnati viele sehr außergewöhnliche Dinge zu geschehen, die schließlich zur Gründung von *New Jerusalem* führten. Ich erzähle die Geschichte dieser Frau nicht oft, weil ich nicht allzu viel daraus machen will. Manche Leute behaupten, es sei eine echte Prophetie gewesen, daß ich auf besondere Weise gebraucht werden würde. Das stimmt wohl, aber viele andere Leute sind auch auf besondere Weise gebraucht worden.
Nach meiner Priesterweihe kehrte ich nach Cincinnati zurück und wurde Religionslehrer im Gymnasium der Franziskaner. Das Gebetsleben in unserer Bruderschaft schien mir damals sehr trocken und tot. Ich hörte davon, daß sich die Charismatiker im Keller einer nahegelegenen katholischen Kirche versammelten und beteten. Ein paarmal ging ich hin. Ich hielt mich selbst für keinen Charismatiker; manche Manifestationen und emotionale Zurschaustellungen kamen mir auch reichlich spanisch vor. Trotzdem spürte ich, daß etwas echtes dabei war. Daran zweifelte ich nie. Diese Menschen hatten dieselbe Erfahrung gemacht wie ich, sie hatten in der Liebe Gottes Geborgenheit gefunden. Sie wußten, daß Gott Liebe ist. Sie hatten Erfahrungen mit ihm gemacht. Ich schloß mich ihnen schon deshalb nicht an, weil ich nach dem Konzil eine so gediegene akademische Ausbildung erhalten hatte. Was diese Leute betrieben, war offensichtlich mit vielen Mängeln und mit viel Unreife behaftet. Das alles war meinem Urteil zufolge nicht ganz stimmig. Dennoch habe ich ihre Erfahrung und ihre Gutwilligkeit nie in Zweifel gezogen und ab und zu mit ihnen gebetet.

Kollektiver Durchbruch

Dann wurde mir die Aufgabe übertragen, für die Erzdiözese von Cincinnati die Jugend-Exerzitien zu leiten. Im November 1971 hielt ich die ersten Wochenend-Rüstzeiten für junge Männer. Als ich über die bedingungslose Liebe Gottes predigte, begannen sie einer nach dem anderen zu weinen. Es handelte sich um 18jährige Jung-Machos kurz vor dem Schulabgang! Nie wieder habe ich ein Wochenende erlebt wie jenes erste. Seither haben die Überraschungen Gottes Platz in meiner Theologie, denn ich habe erlebt, daß Gott souverän und frei ist, zu tun, was er will. Ich glaube, das war der Beginn von New Jerusalem – durch göttliche Initiative und Aktion. Ich habe seither viele Einkehrtage gehalten und oft viel besser gepredigt, aber damals, das war eine Spezial-Ausgießung des Heiligen Geistes. Die jungen Männer blieben die ganze Nacht wach, sangen und beteten um den Altar herum. Als ich am frühen Morgen wiederkam, beteten einige „in Zungen". Ich betete damals selbst nicht auf diese Weise und habe es ihnen jedenfalls nicht beigebracht. Ich weiß noch, wie ich hinten in der Kirche stand und sie beobachtet habe. Erstmal war mir mulmig. Schließlich war das eine Franziskaner-Kirche, und ich hatte bereits gerüchteweise vernommen, daß sich einige der Brüder, die direkt neben der Kirche wohnten, furchtbar aufregten, weil da junge Leute die ganze Nacht in der Kirche sangen und „Krach machten". Ich höre mich noch sagen: „Mein Gott, wie soll ich damit bloß umgehen?" Aber gleichzeitig war ich begeistert, weil ich gemerkt habe, daß da etwas ganz wichtiges passierte. Diese jungen Männer erlebten gerade genau das, was auch ich erlebt hatte. So mischten sich bei mir Begeisterung und Angst, innere Lebendigkeit und Sorge nach außen. Dieser Zustand hielt so ungefähr zwei Jahre lang an, während ich zusah, wie mir das Ganze über den Kopf wuchs. Dabei sollte ich doch der geistliche Führer sein! Das machte mich äußerst vorsichtig. Ich war mein eigener schlimmster Teufels-Advokat[2]. Ist das alles wirklich echt? Dabei entwickelte ich so eine Art „Ja-Aber-Einstellung".

Das zeigt sich zum Beispiel in meiner Haltung zur „Zungenrede". Für mich ist es ein Weg in die rechte Hirn-Hemisphäre[3],

2 in Heiligsprechungs-Prozessen der römischen Kirche wird ein sogenannter „Teufels-Advokat" damit beauftragt, alle Gründe zu sammeln, die gegen eine Heiligsprechung sprechen.

3 Nach neueren Hirn-Forschungen ist in der rechten Hirnhälfte das ganzheitliche, synthetische und symbolische Denken, das Denken in Bildern etc. angesiedelt, während die linke Hirnhälfte analytisch-argumentativ denkt. Die westliche Kultur und Geistesgeschichte der letzten Jahrhunderte ist einseitig rational (links-hirnig) geprägt, während der Osten schon immer ganzheitlicher dachte.

auf unsere nicht-rationale Seite. So wichtig sie auch sind, die „neuen Zungen“ sind die geringste aller Geistesgaben. Aber sie sind besonders wichtig für die westliche Gesellschaft, weil diese Erfahrung unser Vertrauen auf die linke Hirn-Hemisphäre untergräbt, auf die rational-analytische Seite. Die Gabe der Zungen katapultiert uns – ähnlich, wie es unsere Träume tun – auf die rechte Seite, die für geistliche Erfahrungen weit offener ist als die linke. Das wichtige dabei ist, daß man wenigstens einmal im Leben die Freiheit und Offenheit hat, seine verbale, logische und vernünftige Seite zu vergessen und sich unzusammenhängendem Kindergeplapper zu überlassen. Das bedeutet zugleich Hingabe an das Geheimnis der Gegenwart Gottes. Ich gebe wenigstens einmal im Leben zu, daß mein bißchen Verstand und mein bißchen Sprache nicht ausreichen, um diese Wirklichkeit zu erfassen. Deshalb ist es wichtig, die Gabe der Zungenrede zuzulassen.
Aber – und das ist mein „Aber-Teil“ – die Gabe der Zungenrede ist nicht unbedingt ein Zeichen besonderer Heiligkeit. Es gibt Menschen, die den Durchbruch zu ihrer mystischen Tiefe ohne den Empfang dieser Geistesgabe erlebt haben. Man muß nicht in Zungen reden, um das zu erleben. Ich kenne einfach viel zu viele neurotische, verklemmte und egoistische Leute, die diese Gabe besitzen. Ich halte diese Gabe also nicht für ein Zeichen von irgend etwas. Aber ich nehme den *Empfang* dieser Gabe doch als Zeichen von etwas, nämlich als Zeichen eines Durchbruchs. Ich glaube, ich erlebte das durch die jungen Männer an jenen Wochenenden und durch das Wachsen unserer Lebensgemeinschaft New Jerusalem. Diese Erfahrung veränderte mich, weil ich frühere Denkgewohnheiten einfach loslassen mußte, als ich sah, wie der Gott der Überraschungen souverän und frei handelte.

Lebensstil Kommunität

Jenes erste Wochenende ging bis Sonntag. Die jungen Männer fragten mich, ob sie am Freitag wiederkommen könnten, um gemeinsam zu beten. Sie brachten natürlich auch ihre Freunde und Freundinnen mit. Wir hielten unser erstes Gebetstreffen. Schon am ersten Abend hatten auch viele der Mädchen dieses

Durchbruchserlebnis, das die Pfingstler „Taufe im Heiligen Geist“ nennen. Danach hörte es einfach nicht mehr auf. Wir trafen uns jede Woche. Innerhalb von drei Monaten waren wir schon 300. In den Jahren 1972 bis 1974 wuchsen wir auf bis zu 1000 Teilnehmer/innen an. Jetzt kamen auch Erwachsene, Ordensleute und Pfarrer. Alle mußten dabei sein und sehen, was da los war. So zogen wir in eine große Turnhalle um. Unsere Meß-Feier dauerte in der Regel drei Stunden. Ich predigte eine Stunde lang. Es war phänomenal. Die jungen Leute saßen überall.
Ich erlebte damals ungeheuer viel Kraft, Energie, Begeisterung, Freude und viele Druchbrüche – aber häufig fehlte dem Ganzen der Tiefgang. Natürlich war da Kraft, aber eben doch nur die Art von geistlicher Kraft, zu der diese Jugendlichen fähig waren. Sie kannten sich selbst noch nicht; sie hatten noch keine Reise irgendwohin gemacht. Deshalb beschlossen wir, in Richtung Lebensgemeinschaft aufzubrechen. Die Energie dazu war schon vorhanden. Es war einfach nicht genug, einmal pro Woche zusammenzukommen. Sie wollten ein zweites Treffen, wo ich ihnen ausschließlich die Bibel auslegen sollte. So entstanden nebenbei die ersten Kassetten, die bald im ganzen Land vertrieben wurden. Auf wundersame Weise kamen wir an eine leerstehende Villa, wo ich jedes Wochenende Einkehrtage für junge Leute halten konnte. Einige davon stießen auch zu der Gebetsgruppe. Aber wir merkten, daß das ganze Experiment nicht tief genug ging. Außerdem wurde uns klar, daß diese Tiefe nur dadurch zu erreichen war, daß wir verbindlich miteinander lebten. So fing unser bewußter Weg hin zu einem kommunitären Leben an. Im Mai 1974 gab sich die Gruppe schließlich den Namen „The New Jerusalem Community“.

Die Ich-Wir-Balance

In den ersten Jahren haben wir fast ausschließlich charismatisch gebetet. Diese Art des Gebets hat Kraft, wirkt anziehend und ansteckend, vermittelt die Erfahrung, daß es eine geistliche Welt und Wirklichkeit gibt. Aber wenn es beim charismatischen Beten oder bei der Gebetsgemeinschaft bleibt, dann führt das nicht sonderlich tief. Man muß bereit sein, mit dieser Erfahrung alleine weiterzugehen, in der Stille verantwortlich damit umzugehen, sie durch andere geistliche Übungen zu ergänzen. Man muß vor Gott ein Individuum werden, nicht nur Teil eines Gruppen-Bewußtseins. Wir hatten am Anfang ein starkes Wir-Gefühl. Der Herr war unter uns, wenn wir beteten. Aber für die meisten der jungen Leute war das auch schon alles. Es wurde eine Art neues Konsum-Objekt.

Einige gingen natürlich tiefer. Noch heute gibt es in New Jerusalem etwa zehn Mitglieder, die schon in den ersten drei Monaten dabei waren. Um Tiefe zu entwickeln, mußten sie sich auf eine Gottesbeziehung einlassen, für die sie ganz allein die Verantwortung übernahmen. Sie mußten ihre eigene Reise machen und ihr eigenes Ego herausfordern lassen. Ihr Ego mußte gewisse Sterbe-Stadien durchlaufen. Diese Leute sind die einzigen, die übrigblieben und zu einer tieferen Glaubenserfahrung durchstießen. Die Gemeinschaftserfahrung und die individuelle Erfahrung bereicherten einander. Aber es war nötig, Gemeinschaft und Alleinsein in die rechte Balance zu bringen. Am Anfang stand die kollektive Erfahrung, worüber ich froh bin. Evangelikale erleben zwar auch etwas in der Kirche, aber sie pressen es normalerweise in eine höchst individualistische „Jesus-und-ich-Sprache“: „Nimm Jesus Christus als deinen persönlichen Herrn und Heiland an!“ Wir haben solche Formulierungen nie benutzt. Unsere Sprache war von Anfang an kommunitär, auf den Leib Christi bezogen. Wir begannen mit der Gemeinschaftserfahrung, und einige sehr reife Einzel-Persönlichkeiten gingen gerade daraus hervor. Ich bedauere nicht, daß wir so angefangen haben. Denn wenn man mit einem individuellen Seelen-Trip anfängt, dann wollen die Leute das nicht mehr um der Gemeinschaft willen aufgeben und loslassen.

Gottesdienst von unten

Die Form des Gebetstreffens war sehr hilfreich. Sie bestand aus persönlichen Glaubenszeugnissen, Predigt und Gebet. Dadurch wurde den Teilnehmern und Teilnehmerinnen klar, daß ihre religiösen Erfahrungen wichtig waren. So sehr ich die Liturgie liebe: sie spiegelt doch sehr die Pyramiden-Struktur der Kirche wider. Sie vermittelt eine offizielle religiöse Erfahrung von oben nach unten, von der Kanzel hinunter zum Kirchenvolk. Die Kommunikation verläuft im großen und ganzen nur in eine Richtung. Die Gemeinde hat kaum eine Chance, sozusagen etwas von sich selbst zu haben; die Gläubigen können sich kaum gegenseitig bereichern. Die religiöse Erfahrung des Pfarrers ist die einzige Quelle. Das führt zu einer sehr einseitigen Betrachtungsweise der Schrift. Der Priester spricht aus seiner zölibatären, männlichen, klerikalen und meist akademischen Sicht. Einer der Gründe, weshalb unsere Gemeinschaft innerlich stark wurde, war der, daß wir andere Gottesdienst- und Gebetsformen hatten als die vom Pfarrer geleitete Sonntagsmesse. Ich glaube, die Kirche der Zukunft muß diese anderen Formen entdecken. Man sieht zum Beispiel an den lateinamerikanischen *Basisgemeinden,* welche Möglichkeiten da drin stecken. Entscheidend für ihre Gottesdienste ist der Austausch ihrer Erfahrungen als Laien. Was sagt ihnen Jesus durch die Heilige Schrift in ihrem Alltag? In ihren Gottesdiensten haben sie die Gelegenheit, darüber zu reden – und das ist nicht-akademisch, nicht-männlich, nicht-klerikal. Es ist viel familiärer und konkreter und deshalb – viel lebendiger.

Straßen zu Gott

Neben den Gottesdiensten haben wir bald kleine, überschaubare Hauskreise gebildet. Das Gespräch über den eigenen Glauben ist in unseren Gebetskreisen das übliche. Man kann damit einsteigen, daß sich die Teilnehmer und Teilnehmerinnen ihre ersten religiösen Erfahrungen erzählen. Eine andere Möglichkeit besteht darin, daß sich die Gruppe erzählt, was die Einzelnen seit dem letzten Mal geistlich erlebt haben. Oder man liest gemeinsam die Bibel und tauscht sich darüber aus, was diese Botschaft für das eigene Leben bedeuten könnte oder bedeutet. Andere Gruppen meditieren zusammen, beten den Rosenkranz oder halten eine Hausmesse. Vielleicht trifft man sich auch nur zur gemeinsamen schweigenden Kontemplation. Alle diese Formen sind Möglichkeiten, gemeinsam auf Gott zu hören.
Unser Gespräch über unsere religiösen Erfahrungen hat mir

gezeigt, wie Gott gerade durch Schwachheit, Leiden, Schmerz, Scheitern und Ablehnungserfahrungen zu Menschen redet. Er kommt normalerweise nicht durch unsere Stärken zu uns. Das merkt man, wenn sich Menschen versammeln und ehrlich von ihren Erfahrungen reden. Ein Mann, der von seinem Alkoholismus erzählt, kann eine Gruppe ins gemeinsame Gebet führen. Paulus sagt, daß die Kraft Gottes darin zur Vollendung kommt, daß wir uns unserer Schwachheit rühmen können. Er hat recht. Langsam beginnt die Kirche des Westens einen Aspekt des Evangeliums wiederzuentdecken, der ziemlich vergessen war: daß Gott durch unsere Wunden zu uns kommt, sogar durch die Sünde. Vielleicht ist das die größte Revolution, die sich heute innerhalb kirchlicher Frömmigkeit ereignet. In jedem der Fälle, wo Menschen ihrem eigenen Schatten begegnen, ihre innere Finsternis annehmen, zu ihren kaputten Seiten stehen – entdekken sie, daß dies die Straße zu Gott ist.

Viele Menschen fühlen sich abgelehnt von ihren Eltern, wurden nie von ihrem Vater in den Arm genommen, haben nie echte Zuwendung von ihrer Mutter erlebt. Die Folge kann sein, daß sie im Lauf der Zeit verbittert und neurotisch geworden sind. Oder daß diese mangelhaften Vorgaben zum Scheitern ihrer Ehen führen. Aber sobald sie sich diesem Schmerz wirklich stellen, kann dies der Ort werden, wo sie Gott zutiefst berührt und wo sie Durchbruch und Heilung erleben. Wenn wir lernen, daß Gott gerade die Dunkelheit und Gebrochenheit unseres Lebens gebrauchen kann, dann wächst unser Vertrauen, daß er auch mit jener letzten Gebrochenheit etwas machen kann, die uns alle erwartet, mit dem Tod. Dann können wir vielleicht wie Franz von Assisi sagen: „Willkommen, Bruder Tod!“

Hausaufgabe: Beten

Das Gebet spielt auch bei Entscheidungen, die unsere Kommunität treffen muß, eine große Rolle. Letzten Herbst zum Beispiel gab ich der Gemeinschaft ein Bibelwort und bat alle, einen Monat lang mit diesem Wort zu leben. Dann wollten wir zusammenkommen und unsere Erfahrungen bei diesem Experiment austauschen. Eine Glaubensgemeinschaft kann nur durch das gemeinsame Gebet zusammengehalten werden. Sonst gründet man eher eine Institution, anstatt eine vollmächtige Bewegung zu schaffen. New Jerusalem ist naütrlich leider *auch* eine Institution geworden, weil dieser Prozeß offenbar nicht völlig zu vermeiden ist. Aber noch immer gibt es eine kräftige geistliche Bewegung unter uns, weil unser erstes und wichtigstes Ziel darin besteht, zusammen zu beten. Ich behaupte nicht, daß unser Gebetsleben ideal ist. Auch wir sind manchmal ziemlich formal geworden und bräuchten wieder einen Schuß von unserer alten charismatischen Freiheit.

Der Gemeinschaftsmythos

Eine Gemeinschaft braucht gemeinsame Erinnerungen. Bei uns ist es zum Beispiel unser ganzer Gründungsmythos mit diesen Riesen-Versammlungen der Jugendlichen, mit der Villa, mit den erstaunlichen Heilungen. Das alles ist noch da, aber nicht mehr so gewaltig wie am Anfang in unseren Feuerwerks-Jahren, wo es so aussah, als wenn wir von Gott alles bekämen, was wir nur wollten. Manchmal fragen wir uns natürlich, ob unser Glaube und unser Gebet nachgelassen haben. Ich hoffe, das ist nicht der Fall.

Im vergangenen Jahr zum Beispiel erlebten wir einen klassischen ethischen Konfliktfall. Eine junge Frau entdeckte kurz nachdem sie schwanger wurde, daß sie die Hodkinsche Krankheit hatte. Ich hätte nie gedacht, daß ich mich einmal mit so etwas auseinandersetzen müßte. Alle beteten. Wir baten Gott um eine echte, volle Heilung. Sie hatte konservative katholische Ärzte, die nie zu einer Abtreibung geraten hätten, aber sogar sie sagten: entweder Sie sterben oder Ihr Kind. Nach den kirchlichen Moralgesetzen gab es natürlich keine Frage. Aber wenn man selbst betroffen ist, wird es doch eine. Und sie hatte noch eine weitere kleine Tochter zu erziehen! Mehrere Abende versammelte sich praktisch die gesamte Gemeinde und betete für sie. Als sie zum ersten Mal untersucht wurde, hatte die Krankheit bereits die Milz befallen. Ein Teil der Milz mußte entfernt werden. Aber kurz danach war die Krankheit um achtzig Prozent zurückgegangen, einige Wochen später um neunzig Prozent. Das Kind

kam gesund zur Welt. Jetzt ist die Krankheit so gut wie ganz geheilt. Das ist das letzte Heilungswunder, das wir bei uns erlebt haben.
Solche schönen kleinen Geschenke bekommen wir immer wieder einmal. Ich glaube, einer der Gründe dafür ist, daß wir immer wieder zu einem Glauben zurückgerufen werden müssen, der noch mit Gott rechnet. Gleichzeitig sollen wir aber nicht mehr all die Zeichen und Wunder brauchen, die wir früher einmal erlebt haben. Wir müssen jetzt offensichtlich viel stärker vom Glauben her leben. Nicht alles, was wir erbitten, geschieht. Nicht alle werden geheilt. Eine Gemeinschaft muß auch über das Zeichen-und-Wunder-Stadium hinauskommen und von Gottes Gegenwart, seiner Treue und seinem stillen, liebevollen Wirken in ihrem Leben existieren können.

Zum Weiterlesen:

Eicher, Peter: Bürgerliche Religion – eine theologische Kritik. München, Kösel, 1983.
Foster, Richard: Nachfolge feiern. Geistliche Übungen neu entdeckt. ABC-Team/Oncken, Wuppertal, 1986.
Jungclaussen, Emmanuel (Hrsg.): Aufrichtige Erzählungen eines russischen Pilgers (Eine Einführung in die Praxis des ostkirchlichen „Herzensgebetes"). Freiburg, Herder-Verlag, 14. Aufl. 1985.
Mühlen, Heribert (Hrsg.): Jugend erfährt Gott. Weg aus der Krise (Erfahrungsberichte). Vaduz, Topos-TB, 2. Aufl. 1984.
Koller, Dieter: Laß dir diesen Psalm gefallen. Christen beten mit dem Alten Testament. München, Claudius Verlag, 1986.

FÜRCHTET EUCH NICHT
Die Christen und der Friede

Das Pfingstfest war in diesem Jahr für viele von uns amerikanischen Christen ein ganz besonderes Ereignis. 4000 Menschen aus allen Teilen des Landes trafen sich am Pfingstsamstag in der Kathedrale von Washington, um dort für den Frieden zu beten und um den Heiligen Geist um Führung und Stärkung auf dem Weg des Friedens anzurufen.

Am nächsten Morgen bewegten wir uns in einer langen Prozession zum Kapitol. Nach weiteren Gebeten, Liedern und Ansprachen auf den Stufen des Gebäudes drangen einige von uns in die Innenrotunde des Kapitols ein, um auch dort angesichts der nuklearen Bedrohung für Frieden zu beten. 242 Menschen wurden verhaftet und eingesperrt. Es war die größte Massenverhaftung in Washington seit dem Ende des Vietnam-Krieges. Am Anfang unserer Gebetsversammlung im Inneren des Kapitols rief uns der polizeiliche Oberaufseher dreimal zu: „Es ist gegen das Gesetz, im Kapitol der Vereinigten Staaten zu beten." Und *Jim Wallis* rief zurück: „Ob es gesetzlich ist oder ungesetzlich – wir sind hier, um für den Frieden zu beten."

Dieses Ereignis symbolisiert, wie in den Vereinigten Staaten die großen sozialen Fragen, die Frage nach dem Frieden und das Evangelium zusammengefunden haben. Ich glaube, das ist das Aufregendste, was derzeit in unserer Kirche geschieht: Daß der Widerstand gegen Rüstung und Krieg heute in erster Linie aus kirchlichen Kreisen kommt. Wir haben in den wenigen Wochen hier in Europa bemerkt, daß ein Großteil der hiesigen Friedensbewegung säkulare und politische Grundlagen hat oder aus Angst-Reaktionen kommt. Das gibt es natürlich auch in Amerika. Aber die eigentlichen Grundlagen der Friedensarbeit werden bei uns heute eindeutig von Menschen gelegt, die das Evangelium wiederentdecken. Unsere Friedensbewegung ist keine Sache der Jugend; die Hauptbeteiligten gehören zu Mittelalter und Mittelschicht. Die meisten von uns, die in Washington verhaftet worden sind, waren Berufstätige, Ordensleute, Nonnen, Geistliche, alle im mittleren Alter.

Jim Wallis und ich, wir beide sind Leiter von christlichen Kommunitäten. Unsere Lebensgemeinschaften sind beide vor etwa zwölf Jahren entstanden. Sie haben sich in der schwierigen geschichtlichen Situation des letzten Jahrzehnts entwickelt, wo wir mehr und mehr gemerkt haben, daß wir ein Leben aus geistlichen Quellen, ein Leben des Gebets und das verbindliche Engagement für soziale Gerechtigkeit zusammenbringen müssen. Nach unserer Erfahrung scheint es nur einen Ort zu geben, an dem dies tief und ganzheitlich möglich ist: die Umgebung gelebter christlicher Gemeinschaft.
In aller Welt ist die Kirche aufgespalten in solche, denen es um Innerlichkeit geht, und solche, die sozial aktiv werden. Aber wir sind überzeugt, daß uns das Evangelium sagt, daß beides zusammengehört. Menschen, die gelernt haben zu beten, müssen auch lernen, Frieden zu stiften. Menschen, die ein tiefes geistliches Leben entwickelt haben, müssen auch bereit sein, mit den Armen zu leben und zu arbeiten. Wenn wir dies beides nicht bald zusammenbringen, dann befürchte ich, daß die Kirche auch noch das bißchen Glaubwürdigkeit verlieren wird, das sie noch hat. Weder über den Glauben noch über den Frieden können wir noch länger abstrakt und theoretisch reden. Wir müssen vielmehr bereit sein, unser Leben heute genauso für den Frieden einzusetzen, wie wir vielleicht Jahre unseres Lebens für den Krieg geopfert haben. Jim pflegt zu sagen: „Jedermann ist für Frieden. Aber es genügt nicht, für den Frieden zu sein. Die Frage lautet: Sind wir bereit, Friedensstifter zu werden?" Jesus sagt: *„Selig sind die Friedensstifter, denn sie werden Gottes Kinder heißen."* (Matth. 5,9) Wir müssen bereit sein, den Frieden genauso zu wagen, wie wir so oft in der Geschichte den Krieg gewagt haben. Ich glaube, wir sind an einem Punkt der Geschichte angelangt, wo wir die Erhaltung der Macht gegen die Erhaltung des Friedens auswechseln müssen. Bisher ging es für viele von uns immer darum, Erfolg zu haben, Kontrolle zu haben, Erster zu sein. Unsere Gesellschaft baut auf Konkurrenz auf. Ich glaube, daß unser Herr heute seine Kirche neu zu der Erkenntnis bekehrt, daß sein Evangelium eine Botschaft der Versöhnung ist. Die Kirche hat sich oft dazu mißbrauchen lassen, die herrschenden Vorurteile und Ängste zu unterstützen oder zu erhalten. Seit 1500 Jahren haben wir die Konstantinische Kirche, die Kirche,

die fortwährend den Staat und seine Einrichtungen getauft und unterstützt hat. Im letzten Monat nun haben die römisch-katholischen Bischöfe der USA mit überwältigender Mehrheit einen Hirtenbrief verfaßt, der in eindeutiger Opposition gegen die atomare Rüstungspolitik unserer Regierung steht. Kirchengeschichtlich betrachtet, bedeutet dies eine Reform, einen Wandel, dessen Tragweite noch gar nicht abzusehen ist. Ich glaube, wir erleben gerade das Ende der bürgerlichen Religion mit. Wir erleben das Ende des Kultur-Christentums.

Wenn ich ehrlich bin, dann sind wir beide etwas verwundert darüber, wenn wir erleben, wie wenig die Kirche hier in Deutschland nach fünfzig Jahren gelernt hat. Aber wir erleben gleichzeitig, wie auch hier der Geist Gottes neu ausgegossen wird und viele Menschen die neue Haltung des Friedens annehmen.

Ich glaube, Jesus und die ganze Heilige Schrift sprechen das entscheidende Problem an, wenn sie uns immer wieder sagen: *„Fürchte dich nicht! Fürchtet euch nicht!"* Furcht ist unser Kernproblem. Wir müssen die Furcht erkennen und annehmen, die in jedem von uns steckt, bevor wir über all die angeschnittenen Fragen überhaupt ernsthaft und verstehend reden können. Ich habe einmal gehört, daß die Aufforderung „Fürchtet euch nicht!" 365 Mal in der Bibel vorkommt. Einmal für jeden Tag des Jahres! Aber generell erlebe ich, daß auch die Christen Menschen mit unwahrscheinlich viel Angst sind. Sie sagen, sie seien dem auferstandenen Jesus begegnet, und dennoch beherrscht die Furcht ihr Herz. Und je reicher ein Land ist, desto mehr Ängste haben die Menschen, weil sie mehr zu verteidigen haben. Und deshalb umgibt sich mein Land, Amerika, mit Atomraketen. Wir versprechen unserem Volk seelische Stabilisierung anstatt echter Sicherheit. Wir merken nicht, daß uns jede Atomwaffe, die wir bauen, in Wahrheit weniger sicher macht. In vielfacher Hinsicht ist unser Land in einer militaristischen Einstellung gefangen, die fatal an das erinnert, worin Deutschland vor 50 Jahren gefangen war. Im Namen des Antikommunismus sind wir in der Lage, jede erdenkliche militärische Aufrüstung zu rechtfertigen.

Wir glauben, daß in dieser Situation das Evangelium unsere einzige Hoffnung ist, wenn wir ganz schlicht und einfach beginnen, Jesus zu vertrauen und endlich anfangen, die Bergpredigt ernstzunehmen. Manchmal habe ich das Gefühl, die Kirche wird mit jedem Jahrhundert ihrer Geschichte gerade ein Jahr reifer in ihrer Fähigkeit, Jesus zu verstehen. Die Kirche ist gerade zwanzig Jahre alt, und wir fangen endlich an, erwachsene Fragen zu stellen. Die alten Rivalitätsfragen, die Fragen danach, wer eigentlich recht hat und wer nicht, sind nicht mehr die wichtigsten Fragen. Unser Herr ruft uns heute mit neuer Dringlichkeit zur Einheit, zur Einheit in seinem Geist und im Evangelium. Unser Herr ruft uns dazu, der Furcht ins Auge zu sehen, die in jedem von uns steckt. Und er möchte, daß wir unser Glaubensleben miteinander teilen im Geheimnis der Kirche. Beim Friedenstiften merkt man bald, daß man keine Macht hat, wenn man nicht fähig ist, Verbindungen herzustellen, ein Netz zu knüpfen mit anderen Menschen. Das Geheimnis der Verbindung und Vernetzung ist das Geheimnis des Geistes und der Kirche.

Wir beide setzen unser Leben für den Aufbau lebendiger Gemeinschaften ein, weil wir wissen, daß nur Glaubensgemeinschaften wirkliche Widerstandsgemeinschaften sein können. Wir hoffen, daß das, was wir heute sagen, auch bei Ihnen Hoffnung weckt und Ihnen Mut macht, am Geheimnis der Kirche mitzubauen, damit wir als Gemeinschaften des Glaubens gemeinsam aufstehen können gegen die Todesmächte. Der Westen ist schon so lange mit dem Tod verfilzt, daß er ihn schon gar nicht mehr als Tod erkennt.

Das Evangelium bietet uns heute – wie immer – das Leben an, aber das Leben zum Preis des Kreuzes.

Zum Weiterlesen:

Girard, René: Das Ende der Gewalt. Freiburg, Herder, 1983.

Albertz, Heinrich (Hrsg.): Warum ich Pazifist wurde (Sammlung von Stellungnahmen). München, Knaur-TB, 1987.

Wallis, Jim: Bekehrung zum Leben – Nachfolge im Atomzeitalter. Moers, Brendow-TB, 3. Aufl. 1984.

Wallis, Jim (Hrsg.): Friedensstifter (Christen in der Friedensbewegung). Wiesbaden, Coprint-Verlag, 1984.

Franz Alt: Frieden ist möglich, München, Piper-Verlag, 23. Aufl. 1986.

SEXUALITÄT
Die Sehnsucht, ganz zu sein

In der westlichen Welt haben wir bis vor ein paar Jahren von einer „sexuellen Revolution" geredet. Aber ehrlich gesagt: ich bin nicht der Meinung, daß die eigentliche sexuelle Revolution schon stattgefunden hat. Größtenteils sind wir noch immer damit beschäftigt, gegen eine repressive, verklemmte Vergangenheit zu rebellieren. Ich bezweifle, daß das den Namen „Revolution" verdient.

In der Vergangenheit wurden die Christen in fast allen Kirchen von einer Unzahl von Verboten eingeengt. Verbote sind nicht sonderlich hilfreich und lehrreich. Deswegen versuchen wir jetzt, uns alles mögliche zu erlauben. Aber das kann nur ein Anfang sein.

Wir müssen nicht nur wissen, daß wir als Menschen Wesen mit einem geistbeseelten Körper sind, sondern wir brauchen auch Zeit, um zu reflektieren, was diese Tatsache eigentlich bedeutet und welchen tieferen Sinn sie hat. Wir müssen lernen, Lebensmuster und Todesmuster auseinanderzuhalten. Ich fürchte, daß viele Menschen in Tuchfühlung mit dem Tod existieren und noch nicht den Durchbruch zum Leben geschafft haben.

Mit diesem Vortrag hoffe ich, etwas zur Orientierung beitragen zu können. Dabei halte ich mich für keinen Experten. Ich habe auch nicht viele Antworten. Vielleicht fragen sich sogar einige, was ein Zölibatärer ausgerechnet über Sexualität zu sagen hat. Aber ich meine, daß gerade wir Mönche ständig damit ringen müssen, unseren Weg echt und ehrlich zu leben. Unser Lebensstil bringt uns mit vielen Menschen in Berührung und eröffnet uns viele unterschiedliche Möglichkeiten und Ebenen von Nähe. In der Regel erleben wir wesentlich mehr intensive Begegnungen als die meisten verheirateten Männer und Frauen. Außerdem habe ich durch meine Position als Pastor, geistlicher Berater und Beichtvater in einer gemischtgeschlechtlichen Lebensgemeinschaft einiges gelernt.

Ich möchte zunächst eine kleine Übung vorschlagen. Sie wirkt vielleicht auf den ersten Blick etwas künstlich, hilft aber hoffentlich, meinen Ausgangspunkt klarer werden zu lassen. Wer etwas Zeit hat, sollte sich einmal hinsetzen und eine Liste all der Menschen anfertigen, die er oder sie gerne geheiratet hätte oder heiraten würde und all der Menschen, deren Nähe sie oder er jemals gesucht hat, weil von diesen Menschen eine tiefe Faszinatin ausgegangen ist oder ausgeht. Diese Menschen können männlich oder weiblich sein.

Eine Woche später könnte man sich nochmals hinsetzen und versuchen, herauszufinden, welche *Eigenschaften* an diesen Menschen so faszinierend wirken. Weshalb ist es gerade diese oder jene Person – und eine andere nicht? Auch wenn das etwas Mühe kostet: Es lohnt sich, diese Eigenschaften in eine weitere Liste einzutragen.

Wenn diese zweite Liste vollendet ist, dann kann man einen Summenstrich darunter ziehen. Und unter den Strich schreibe man – seinen eigenen Namen! Dabei werden wahrscheinlich die meisten eine ähnliche Entdeckung machen wie ich beim ersten Mal (das war damals für mich eine ganz grundlegende geistliche Erfahrung!): all diese Eigenschaften waren in Wirklichkeit ein präzises Spiegelbild meiner eigenen Seele. Bevor ich irgend jemand anderen wirklich lieben konnte, mußte ich deshalb lernen, mit mir selbst „Liebe zu machen". Denn wir können nur das weggeben, was wir in uns selbst haben. Ich habe gemerkt, daß all das, was ich irgendwo außerhalb von mir zu lieben versuchte, etwas war, wovon ich schon vorher eine Art tiefe Intuition in meinem Inneren hatte.

Die meisten Menschen leben ihre sexuellen Phantasien sofort nach außen. Wir müssen lernen, sie zunächst nach innen zu leben. Wir müssen uns auf die Reise nach innen machen, um herauszufinden, wer wir sind und was wir eigentlich suchen. Andere Menschen bevölkern in der Regel einen Gutteil unserer Seele, unserer Gedanken, unserer inneren Bilder und Phantasien. Wir projizieren unsere Seele auf andere und lieben etwas irgendwo außerhalb von uns, anstatt es zunächst in uns zu entdecken, zu lieben und anzunehmen. So entsteht die verrückte Situation, daß es viele Menschen gibt, die sich selber hassen und gleichzeitig versuchen, andere zu lieben. Das ist unmöglich und wird niemals funktionieren! Und dennoch ist dies meiner Meinung nach die Situation der meisten Menschen dieser Welt. Das gilt auch für sehr viele Ehen und Familien, in die ich Einblick habe: da sind zwei Menschen, die sich selbst ablehnen und doch versuchen, einander zu lieben. Sie lieben einander auf ihre eigenen Kosten. Natürlich kann das niemals gutgehen.

Wir müssen entdecken, daß die Innenwelt größer ist als die Außenwelt. Bevor wir uns in unserer Innenwelt nicht wohl fühlen und daheim sind, werden wir unsere Sexualität niemals wirklich verstehen. Denn sexuelle Beziehungen sind zunächst nichts weiter als ein Ritual, eine Symbolhandlung, die versucht, unsere innere Realität auszudrücken. Wichtig ist die Wirklichkeit – nicht das Ritual! Wenn uns das Ritual im Weg steht, kann es passieren, daß wir die Realität niemals entdecken. Ein „ganzer" Mensch ist jemand, in dem die Realität und das Ritual eins geworden sind. Dann spricht unser Körper die Wahrheit unserer Seele aus.

Sexualität ist mit Sicherheit das universalste und faszinierendste Thema der Welt. Menschen, die das bestreiten, lügen. Dieses Thema ist deshalb so faszinierend, weil es jenen Punkt der menschlichen Person betrifft, an dem unser Körper am ehesten zum Geist durchbrechen kann. Es ist zugleich jener Punkt unserer Persönlichkeit, an dem wir uns selbst und andere am tiefsten verletzen und sogar zerstören können. An diesem Punkt kann sich ungeheuer viel Wahrheit und Energie ereignen, wenn wir die Macht zwischenmenschlicher Zuneigung entdecken und diese Anziehung in symbolische Beziehung zueinander umsetzen können – und wenn wir lernen, das auf eine Weise zu tun, die beide Personen achtet und fördert. Das wäre die wirkliche sexuelle Revolution. Denn solche Menschen wären zu etwas ganz Großartigem fähig.

Bei den meisten von uns ist die Sexualität so lang ins Schattenreich verbannt und unterdrückt worden, daß unsere sexuellen Beziehungen und Nöte oft zu den wundesten Punkten unserer Lebensgeschichte und unserer Persönlichkeit gehören. Es gibt sehr wenige Menschen, die angstfrei und unverkrampft über ihr Sexualleben sprechen können.

Unter Sexualität verstehe ich zunächst die Erfahrung, daß wir isoliert und getrennt sind. Das ist die tiefe Einsamkeit und Entfremdung, die junge Menschen in der Pubertätszeit und in der frühen Adoleszenz erleben. Sie spüren: „Ich bin hier auf dieser Seite, und du bist dort drüben. Und ich glaube nicht, daß wir jemals zusammenkommen können." Für den Mann in diesem Stadium ist die Frau zugleich faszinierend und bedrohlich. Der Frau geht es umgekehrt genauso.

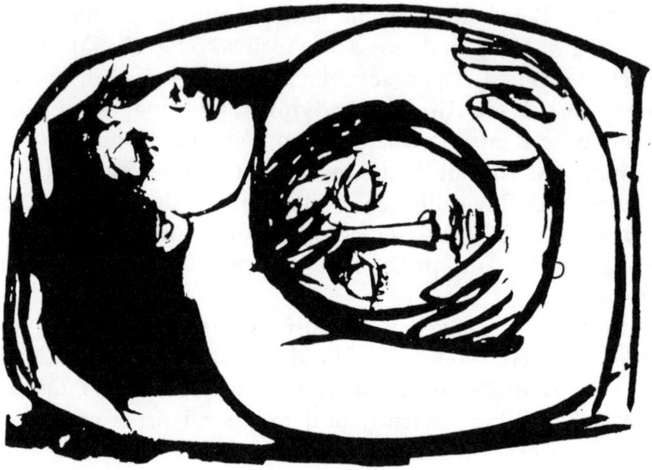

In die Furcht hinein
Felix Hoffman, Mann und Frau

Oft versuchen wir, diese Barriere durch eine schnelle sexuelle Beziehung zu überwinden. Dabei scheitern wir, wenn wir ehrlich sind, öfter, als daß wir erfolgreich sind. Denn zunächst müssen das Männliche und das Weibliche in uns selbst zusammenfinden. Eine Frau muß sich mit ihrer eigenen männlichen Seelenseite wohlfühlen, bevor sie eine angstfreie Beziehung mit einem Mann eingehen kann.

Ein junger Mann muß mit seiner weiblichen Seite Freundschaft schließen, bevor er fähig sein wird, eine Frau wirklich zu lieben. Das ist keine neue Erkenntnis. Alle geistlichen Meister und die Mystiker haben von der Reise nach innen geredet. Die heilige *Teresa von Avila* vergleicht die menschliche Seele mit einer Burg, die viele Gemächer hat, die langsam nach innen führen. Das erste Gemach dieser „inneren Burg" ist das Gemach der Selbsterkenntnis. Die heilige Teresa ist der Meinung, daß es zwecklos ist, irgendeinen weiteren Raum der Innenwelt zu betreten, bevor wir nicht in diesem ersten Raum gewesen sind und ihn gründlich erkundet und bewohnt haben.

Sexualität ist aber nicht nur das Erlebnis, getrennt zu sein. Sie ist zugleich der Drang zur Vereinigung. Sie ist eine tiefe Sehnsucht danach, ganz zu werden und eins zu werden. Aber wiederum versuchen wir in der Regel, außerhalb von uns selbst eins zu werden, bevor wir in uns selbst und mit uns selbst eins sind. Dieser Drang zur Einheit gehört zum Wesen und zum Sinn des Menschseins. Alles in uns und an uns sagt uns: „Ich bin unvollständig! Mir fehlt etwas!“ Unsere Faszination durch andere Menschen und alles Lebendige ruft uns zu: „Ich bin bedürftig! Ich bin abhängig!“ Gott hat uns so geschaffen, daß wir gleichsam zu der Erkenntnis gezwungen werden, daß wir unvollständig sind. Deswegen verlieben wir uns fortwährend in jene Außen-Projektionen unserer Seele.

Meistens assoziieren wir mit Sexualität irgend etwas, was zwischen Männern und Frauen mit Hilfe ihrer Genitalien passiert. Ich hoffe, daß klar wird, daß ich unter Sexualität etwas viel Tieferes und Weitreichenderes verstehe. Bevor wir nicht verstehen, was Sexualität eigentlich ist, verschwenden wir unsere Zeit, wenn wir über Genitalien und Geschlechtsverkehr reden.

Sexualität, das ist auch jene Fähigkeit und Sehnsucht in uns, in Beziehung zu leben. Wir haben eine Leidenschaft für Beziehung. Wir sind immerfort auf der Suche nach Spiegeln, die uns zeigen, wer wir sind. Zu denen, die einige wichtige Teile von uns wiederspiegeln, sagen wir: „Ich liebe dich!“ Wir lieben diese Menschen wirklich. Aber wir versuchen immer zugleich, in ihnen uns selbst zu lieben.

Unsere Sexualität ist die Kunst der Kommunikation unserer gesamten Person, einschließlich unseres Körpers. Sie ist unser Versuch, gleichzeitig unseren Körper und unsere Seele auszudrücken und „rüberzubringen“.

Wann kann man von einer guten sexuellen Beziehung reden? Ich würde sagen: Wenn sie wahrhaftig ist. Das heißt: Wenn wir mit unserem Körper das sagen, was wir wirklich sagen können, was wir in Freiheit sagen können, was wir tatsächlich sagen wollen – und wofür wir die Verantwortung übernehmen können. Anson-

sten lügen wir mit unserem Körper. Wir können mit dem Körper hahnebüchener lügen als mit dem Mund! Aber wir können nicht lügen, ohne dadurch das Geheimnis der menschlichen Personalität zu zerstören. Wenn wir lügen, dann werden wir zerrissen und gespalten, wir werden schizophren.
Das Wort *diabolisch* ist aus zwei griechischen Wörtern zusammengesetzt und bedeutet *durcheinanderwerfen* oder *auseinanderwerfen*. Das Böse ist immer dualistisch! Das Böse besteht darin, daß wir es zulassen, zerrisssen zu werden, so daß ein Teil unseres Lebens hier ist und ein anderer woanders.
Das Wort *symbolisch* ist ebenfalls aus zwei griechischen Vokabeln zusammengesetzt und bedeutet *zusammenwerfen*. Sexualität ist ihrem Wesen nach im höchsten Grad symbolisch. Sie wirft Körper und Geist zusammen. Deshalb haben die sexuellen Symbole so viel Macht über uns. Und deshalb haben vom Anbeginn der Zeit an alle Kulturen Fruchtbarkeitssymbole und Phallus-Symbole geschaffen. Deshalb werden vor allem Männer immer von Pornographie fasziniert sein (aus irgendeinem Grund ist die männliche Sexualität in besonderem Maße auf die Augen und das Sehen fixiert). Schon das Sehen eines Sexualsymbols berührt einen Menschen auf einer tiefen, nicht-rationalen Ebene. Wegen dieser tiefen, nicht-rationalen Macht haben wohl die meisten Kulturen solche gewaltigen Tabuzonen um die Sexualität errichtet. Wir mußten irgendeinen Weg finden, um diese gewaltige Macht unter Kontrolle zu halten. Ich kann das verstehen. Aber zugleich meine ich, daß es an der Zeit ist zu fragen, wie wir diese Energie schöpferischer einsetzen können.
Zurück zur Frage, was eine gute sexuelle Beziehung ausmacht: Sie ist dann gut, wenn sie Ausdruck der ganzen Person ist – und nicht nur eines Teils der Person. Um es gleich zu sagen: An diesen Punkt gelangt man in der Regel erst nach einer Serie von Halb-Wahrheiten und Fehlern. Man weiß nicht, wo und wie man anfangen soll. Es geht dabei um folgendes: Das Geheimnis, das wir in Jesus feiern und das „Geheimnis der Inkarnation“ oder die „Fleischwerdung Gottes“ nennen, ist dasselbe Geheimnis, das sich in uns ereignen muß. Auch wir müssen lernen – wie Gott! – Körper und Geist zusammenzubringen.
Inkarnation und *Integration* – diese beiden Geheimnisse sind geradezu identisch. Der Heilige Geist möchte auch in uns die Einheit

von Körper und Geist erreichen. Das ist es, was er in Marias Gebärmutter tat, als er den Leib Jesu schuf. Dasselbe möchte er in uns tun.

Wodurch wird eine sexuelle Beziehung „schlecht"? Sie wird schlecht, wenn wir Teile unseres Lebens für uns behalten wollen und unvereint lassen. Das kann viele Formen annehmen. Wenn ich zum Beispiel nur „Kopf" und nur „vernünftig" sein will, kann auch das böse enden. Ein Großteil der europäischen Geschichte läßt sich aus dieser einseitigen Hochschätzung der Ratio erklären. *Das* haben wir allerdings niemals „böse" genannt. Der Geist, der sich vom Körper isoliert, kann ebenso böse sein wie der Körper ohne Geist. Ich bin nicht nur Kopf! Ich bin aber auch nicht nur Penis oder Vagina! Ich bin eine Gesamtperson. Meine Genitalien sind dazu da, um auszudrücken, was meine Person ist. Sonst tue ich mir selbst Gewalt an.

Ich glaube nicht an die Unterscheidung von *heilig* und *profan*. Dennoch nennen wir bestimmte Dinge und Wörter schmutzig. Außer Dreck ist nichts schmutzig, finde ich. Beschmutzt wird etwas höchstens dadurch, daß wir es abspalten. Das Geheimnis der Inkarnation sagt uns, daß alle Dinge potentiell heilig sind. Es sagt uns ferner, daß gerade das Fleisch und das Menschsein der Ort der göttlichen Offenbarung und der Begegnung mit dem Göttlichen sind. Das Christentum ist die einzige Religion der Welt, die glaubt, daß Gott Fleisch geworden ist. Dennoch ist das Christentum merkwürdigerweise und leider – das zeigt sich schon im Neuen Testament! – immer tendenziell leibfeindlich gewesen. Das kann ich nicht verstehen. Für mich handelt es sich hierbei um einen subtilen Betrugsversuch des Bösen, um uns abzubringen von dem, was wirklich gut ist.

Es gibt nichts, was an sich gut oder schlecht ist. Wir können allerdings auf einem guten oder unguten Weg sein. Die Frage lautet: Wohin gehen wir mit unserer Sexualität? Was machen wir damit? Was bedeutet sie für uns? Sind wir auf dem Weg zu größerer Einheit von Körper und Geist? Fördert das, was wir tun, unsere Fähigkeit zu zwischenmenschlicher Kommunikation, unsere Achtung voreinander und unsere Verantwortung füreinander? Oder ist es vor allem Ausdruck unserer Selbstsucht und unseres Besitzstrebens?

Aus irgendeinem Grund hat die christliche Tradition Keuschheit in der Regel so definiert, als ginge es in erster Linie um Vermeidung um jeden Preis. Wir haben es Tugend genannt, wenn jemand nie einen Fehler gemacht hat. Das zeigt sich zum Beispiel in der übertriebenen Glorifizierung der Jungfräulichkeit in der katholischen Tradition. Jungfräulichkeit kann ja tatsächlich eine Berufung und eine Gnadengabe sein. Aber vielleicht sollten wir Tugend lieber nicht so definieren, daß einer nie einen Fehler gemacht hat, sondern so, daß jemand durch Fehler hindurchgegangen und weitergekommen ist, anstatt steckenzubleiben. Wir lernen nur aus unseren Fehlern. Vielleicht ist das der eigentliche Sinn eines zuchtvollen Lebens. Das erfordert viel Disziplin und sehr viele Bekehrungen. Es erfordert außerdem ein hohes Maß an Aufrichtigkeit und Verwundbarkeit zwischen zwei Menschen.

Wenn zwei Menschen menschlich und geistlich wachsen wollen, dann kann letztlich gerade ihre Sexualität von ihnen fordern, daß sie reifen und daß sie lernen, miteinander zu kommunizieren.

Vor einigen Monaten habe ich meine Eltern besucht. Sie haben einen deutsch-katholischen Hintergrund und sind jetzt Anfang 70. Seit Jahren hören sie sich schon meine Vorträge auf Kassetten an. Wahrscheinlich weil ich ihr Sohn bin, meinen sie, sie müßten mir glauben und richtig finden, was ich sage. Eines Abends, als wir sehr lang und ehrlich miteinander geredet hatten, standen ihnen beiden plötzlich Tränen in den Augen. Sie hatten gemerkt, daß so vieles, worüber wir geredet haben, ihnen in ihrer Jugendzeit niemand gegeben und niemand gesagt hat. Sie haben gemerkt, daß die meisten Ehen in ihrem Geschwisterkreis ein Nebeneinanderher in Verbitterung und Kälte waren, obwohl sie äußerlich betrachtet „treu bis in den Tod“ waren. Sie sind dem Gesetz gehorsam gewesen, haben aber irgendwie niemals den Geist entdeckt. Meine Eltern waren sehr traurig. Meine Mutter drückte es so aus: „Warum hat man uns nie das Evangelium verkündigt? Warum hat man uns nur das Gesetz gegeben?“ Mein Vater sagte: „Wahrscheinlich können wir, deine Mutter und ich, nicht besonders gut miteinander umgehen. Wir haben uns in 45 Ehejahren sehr oft und tief verletzt. Aber keiner hat uns gesagt, wie man miteinander umgeht und redet. Man hat uns nur gesagt, wir sollten Kinder kriegen und uns treu sein, bis der Tod uns scheidet.“

Meinen Eltern wurden die Kraft des Geistes und die Freiheit des Evangeliums vorenthalten! Es ist erstaunlich, daß trotz alledem wenigstens einige Menschen zu echter Freiheit durchgestoßen sind. Allerdings sind es traurigerweise nach meiner Erfahrung nur sehr, sehr wenige.

Die jüngere Generation heute steht natürlich in Gefahr, ihre Fehler auf der anderen Seite zu machen. Heute werden uns so ungeheuer viele Möglichkeiten und angebliche Freiheiten geboten, daß nach kurzer Zeit eine Person so zerrissen und verbraucht sein kann, daß sie kaum noch weiß, wer sie eigentlich ist.

Ich glaube, die Kernwahrheit des Christentums findet sich im Geheimnis der Treue. Wir werden niemals verstehen, was ein „treuer Gott" ist oder ihm begegnen, wenn wir die Fähigkeit zur Treue nicht auch in uns entdecken und die treue Freundschaft und Liebe eines anderen Menschen erfahren. Wenigstens einmal im Leben ist es für jeden von uns geradezu lebensnotwendig, uns ganz tief zu investieren – oder wir werden die Tiefe unserer eigenen Seele niemals entdecken.

Aber wir vermeiden diese Reise in die Treue und in die Verantwortung. Denn das erste, was uns auf dieser Reise begegnet, ist unsere eigene Finsternis, unsere Unfähigkeit zu lieben.

Als Jesus nach seiner Taufe in die Wüste gegangen ist, heißt es im Markusevangelium, daß ihm dort zweierlei begegnete: er *„war bei den wilden Tieren"* – das ist das erste! – und dann, im nächsten Vers heißt es: *„und die Engel dienten ihm"*. Wir alle wollen natürlich die Engel haben, aber wir haben Angst vor den wilden Bestien in uns.

Jede enge Beziehung mit einem anderen Menschen ist wie ein Spiegel, der vor uns steht. Die Flitterwochen sind schnell vorüber. Danach beweist uns jede enge Beziehung, daß wir nicht wissen, wie man liebt – und das möchte niemand von uns erfahren. Vor diesen wilden Tieren haben wir Angst. Das sind unsere aggressiven, furchtsamen, unsicheren und liebesunfähigen Seiten. Aber nur, wenn wir es wagen, diese wilden Tiere unserem Partner zu zeigen und nur, wenn wir erleben, daß der andere diese Bestien akzeptiert und uns vergibt, können wir jemals den Engeln begegnen. Es gibt nicht das eine ohne das andere! Wer die tiefe Schönheit entdecken will, die in jedem von uns verborgen liegt, wer die ungeheure Fähigkeit zur Liebe und

zur Nähe entdecken will, die in jedem von uns steckt, der muß sich auf einige tiefe und intime Beziehungen einlassen.
Das Wort Intimität stammt aus dem lateinischen und bedeutet „in die Furcht hinein". Zur Intimität fähig zu werden bedeutet, durch viele Tore der Furcht hindurchzugehen. Es gibt so viele Ängste davor, daß wir nicht liebenswert oder nicht liebesfähig sein könnten. Vielleicht sind wir so fasziniert von unserer Sexualität und haben doch zugleich so viel Angst davor, weil wir ahnen, daß sie uns auf jene Reise in die Intimität schicken könnte.

Fragen und Antworten

F: *Ich habe Schwierigkeiten mit der scharfen Unterscheidung von „Männlichkeit" und „Weiblichkeit", die gebraucht wurde.*

A: Ich möchte kein Sexist sein. Das ist sozusagen der Gegensatz zum Feministen. Es ist natürlich sehr gefährlich, bestimmte Eigenschaften als „typisch männlich" oder „typisch weiblich" zu bezeichnen. Ein Großteil davon ist nur kulturell und gesellschaftlich bedingt. Aber leider fehlen uns die Beispiele von Leuten, die sozusagen frei von kulturellen Einflüssen sind. So wissen wir nicht, wie sich ein aseptischer Laboratoriums-Mann oder eine entsprechende Frau entwickeln würde. Immerhin können wir sagen, daß die meisten Kulturen Männlichkeit und Weiblichkeit in einer ganz bestimmten Richtung beschrieben haben. Männer gelten in der Regel als entschlußfreudiger, aktiver, rationaler und dominanter. Ich behaupte nicht, daß das wirklich so ist. Aber diese Eigenschaften werden von der Außenwelt erwartet und belohnt. Männer sollen stark sein und alles im Griff haben. Sie fühlen sich unwohl, wenn sie das nicht fertigbringen. Wie gesagt – ich nenne das nicht das Wesen der Männlichkeit. Aber viele Kulturen haben Männer so gewollt und so geprägt.
Frauen dagegen wurden mehr zur Intuition und zur Beziehungsfähigkeit erzogen. Sie sollten ihren Platz eher in der Innenwelt finden als in der Außenwelt, wo es um Kampf und Erfolg geht. Viele Kulturen haben Frauen belohnt, die sensibel und fürsorglich waren. Ich sage nicht, daß dies das Wesen der Weiblichkeit ist. Aber viele Frauen dieser Erde fühlen sich wohl, wenn sie diese Erwartungen erfüllen.

Wenn ich also davon rede, daß ein Mann seine weibliche Seele oder Seite entdecken soll, wenn er „androgyn" werden soll (das ist das griechische Wort für die Vereinigung der beiden Geschlechter in einer Person), dann meine ich, daß auch ein Mann sensibel und intuitiv sein darf und werden soll, schöpferisch und lebendig nicht nur nach außen, sondern auch in seinem Innenleben – anstatt nur zu versuchen, erfolgreich und dominant zu sein und im Geschäftsleben und im Konkurrenzkampf nach oben zu kommen.

Wenn ich davon rede, daß eine Frau ihre männliche Seele oder Seite entdecken soll, dann meine ich, daß sie ihre Fähigkeit entwickeln soll, zu entscheiden, Dinge in die Hand zu nehmen und in der Außenwelt klar und deutlich in Erscheinung zu treten – unabhängig von einem Mann! Viele der jungen Frauen in unserer Gemeinschaft geben selbst jetzt, nach zehn Jahren, zu, daß die Stimmen, die einst in sie hineingelegt und hineinerzogen wurden, noch immer wirksam sind und sagen: „Ich kann nicht glücklich sein, mir fehlt etwas, ich weiß nicht, wer ich bin – wenn ich keinen Mann habe, bei dem ich mich anlehnen kann." Ich bezweifle, daß das stimmt. Aber ich bin tatsächlich der Meinung, daß eine Frau ihrer „männlichen Seele" begegnen muß.

Einem Mann sagt man, er sei gut, wenn er beruflich Erfolg hat. Auch das ist bestenfalls eine Teilwahrheit. Die tiefere Wahrheit lautet, daß er als menschliches Wesen „erfolgreich" ist, wenn er sein sensibles inneres Selbst entdeckt hat.

F: *Sollte man das Bedürfnis nach Selbstbefriedigung unterdrücken? Ist Selbstbefriedigung Sünde?*

A: Ich erinnere nochmals an das, was ich über Symbolhandlungen gesagt habe. Wir müssen verstehen, was uns unsere Handlungen sagen. Ich glaube, es gibt viele physische und psychische Gründe, weshalb Menschen sich selbst befriedigen. Es ist eine der kompliziertesten und eine der immer wiederkehrenden Situationen, mit der ich in der Seelsorge zu tun habe. Und doch habe ich noch kein einliniges Grundmuster herausgefunden, was das Ganze bedeutet. Es gibt viele Muster. Wichtig finde ich das eine: Wenn es bei jemandem dazu kommt, dann sollte er versuchen, wenigstens einen Ort zu haben, wo er darüber reden kann. In einer Ehe zum Beispiel halte ich es für außerordentlich wichtig,

daß man mit seinem Partner darüber reden kann. Dabei geht es nicht um Schuldbekenntnisse oder Selbstbestrafung. Es geht darum, zu verstehen und verstanden zu werden und so als Paar verwundbarer zu werden füreinander.
Einem, der allein lebt oder einem Zölibatären wird es in der Regel öfter passieren. Auch dann ist es wichtig, einen Seelenfreund zu haben oder das, was wir früher „Beichtvater" genannt haben. Auch hier geht es nicht um Schuldgefühle, sondern darum, sich selbst zu verstehen und die Energie, die sich hier ereignet, schöpferisch umzusetzen.
An dieser Stelle möchte ich eine der wichtigsten Einsichten mitteilen, die ich auf meiner eigenen geistlichen Reise gewonnen habe: Sünde und Schwachheit – das ist kein Unfall. Es ist Teil des großen Plans. Gott liebt uns so sehr, daß er sogar unsere Schwachheit zu unseren Gunsten benutzt, wenn wir sie aus dem Dunkel hervorholen und ans Licht bringen. Alles Negative kann sich, sobald es ans Licht gebracht wird, zum Guten verwandeln. Aber solange es im Dunkel verbleibt, wird es zerstörerisch. Es beginnt gleichsam in uns zu faulen und uns kaputt zu machen. Und es bekommt viel mehr Macht, mich oder andere zu verletzen, als es verdient.

F: *Wie sieht das aus, wenn wir „die wilden Bestien in uns" mitteilen oder rauslassen?*

A: Nochmals: Sexualität ist eine Kunst der Kommunikation. Ohne echte Kommunikation wird sich nichts von dem einstellen, worüber wir heute geredet haben. Es geht um Kommunikation mit sich selbst, mit der eigentlichen Mitte, also mit Gott, mit einem Bruder oder einer Schwester. Unsere Gemeinschaft hat als sehr junge Gruppe begonnen. Viele der Männer mußten zunächst lernen, sich einem Bruder mitzuteilen, viele der Frauen mußten sich zunächst einer Schwester öffnen. Diejenigen, die das getan haben, sind heute fähig, in ihrer Ehe wirklich zu kommunizieren.
Eines der größten Probleme mit der Sexualität heute ist, daß wir nicht mehr an Freundschaft glauben. Junge Leute werden schon in der frühen Adoleszenz in sexuelle Beziehungen geworfen. Dabei geht das Geschenk brüderlicher und schwesterlicher Liebe fast völlig unter. Viele Männer haben nie einen wirklichen engen

Freund besessen. Viele Frauen sind nicht einmal an einer engen Frauenbeziehung interessiert. Frauen reden zwar miteinander, aber – und auch das ist ein Ausdruck unserer Gesellschaft – sie lassen sich nicht wirklich aufeinander ein. Denn von klein auf bringt man ihnen bei, daß sie sich mit Männern befassen sollen. Wenn sie das tun, dann tun sie sich damit keinen Gefallen.
Wir alle brauchen angstfreie Räume. Wo ich keine Angst mehr habe, wo ich sein darf, wie ich bin, da können sich auch die Bestien aus dem Käfig wagen. Sobald sie herauskommen dürfen, sind sie nicht mehr gefährlich. Sie werden gleichsam gezähmt. Hinter all diesen Bestien steckt ja die Angst, nicht geliebt zu sein. Aber „*die Liebe treibt die Furcht aus*", wie es im ersten Johannesbrief heißt.

Zum Weiterlesen:
Gollwitzer, Helmut: Das hohe Lied der Liebe. München, Kaiser-Traktate, 5. Auflage 1983.
Rohr, Richard: Der wilde Mann. Geistliche Reden zur Männerbefreiung. München, Claudius Verlag, 4. Auflage 1987.
Schellenbaum, Peter: Das Nein in der Liebe. Abgrenzung und Hingabe in der erotischen Beziehung. München, dtv-TB, 1984.

IMPRESSIONEN AUS DEUTSCHLAND
Ein Reisebericht

Vorbemerkung

Im Sommer 1983 unternahm Richard Rohr zusammen mit seinem Freund Jim Wallis, dem Gründer und Leiter der Kommunität „Sojourners" in Washington D. C. auf Einladung des Deutschen Evangelischen Kirchentages eine Vortragsreise durch Deutschland. Neben Bibelarbeiten auf dem Kirchentag in Hannover hielten sie zwei Wochenendseminare in Wuppertal (auf Einladung der linksevangelikalen Zeitschrift „Unterwegs") und Würzburg (auf Einladung verschiedener Kommunitäten und Basisgemeinden), evangelistische Großveranstaltungen in Heidelberg, einen Gottesdienst in der Reihe „Evangelische Kommentare zu Ereignissen der Zeit" in der Nürnberger Lorenzkirche. Darüber hinaus gab es ein Gespräch mit der Kirchenleitung der Badischen Landeskirche und ein intensives Zusammentreffen mit dem Theologischen Referat des Evangelischen Kirchenbundes in der DDR, einen längeren Gedankenaustausch mit Helmut und Brigitte Gollwitzer und Begegnungen mit einer Ostberliner Friedensgruppe. Drei Tage waren die beiden Amerikaner zu Gast bei der „Offensive junger Christen" in Bensheim. Die Büros von „Aktion Sühnezeichen" in West- und Ost-Berlin waren ebenfalls Anlaufpunkte. Direkt vor ihrer Deutschlandreise waren Jim Wallis und Richard Rohr in Washington verhaftet und inhaftiert worden, weil sie zusammen mit über 200 anderen Christinnen und Christen in der Kuppelhalle („Rotunde") des Kapitols illegal für den Frieden gebetet hatten. Damals war das Bild Richard Rohrs, wie er in seiner Kutte abgeführt wurde, durch die ganze Weltpresse gegangen.
Nach ihrer Rückkehr berichtete Richard Rohr im Rahmen der Sonntagspredigt seiner Gemeinschaft in Cincinnati von seinen Eindrücken in Deutschland, Ost und West.

Lesungen zur Predigt

Zu dieser Zeit begann König Herodes, etliche Mitglieder der Kirche verhaften zu lassen. Jakobus, den Bruder des Johannes, ließ er sogar köpfen. Als er sah, daß das einigen der Juden gefiel, nahm er auch Petrus in Gewahrsam. Während der Tage der ungesäuerten Brote warf er ihn ins Gefängnis und ließ ihn von vier Viererschaften Soldaten bewachen. Nach dem Passah-Fest wollte er ihn vor das Volk stellen. Während Petrus im Gefängnis saß, betete die Gemeinde unaufhörlich für ihn.
In der Nacht, bevor ihn Herodes vor Gericht stellen wollte, schlief Petrus zwischen zwei Soldaten, doppelt angekettet, während die Wachen das Gefängnistor hüteten. Plötzlich war ein Engel des Herrn da; ein Licht

erstrahlte in der Zelle. Er stieß Petrus in die Seite und weckte ihn: „Schnell, steh auf!" sagte er. In diesem Augenblick fielen die Ketten von seinen Armgelenken ab.
Der Engel fuhr fort: „Leg deinen Gürtel an und deine Schuhe!" Das tat er. Dann sagte der Engel: „Wirf deinen Mantel um und folge mir!"
Petrus ging hinaus, ihm nach – wenn ihm auch noch nicht klar war, was durch den Engel geschah. Das Ganze erschien ihm wie eine Einbildung. Sie passierten die erste Wache, dann die zweite.
Schließlich kamen sie zum Eisentor, das zur Stadt führte. Es öffnete sich von selbst vor ihnen. Die beiden traten hinaus und gingen durch eine schmale Gasse. Da verließ ihn plötzlich der Engel.
Zu diesem Zeitpunkt war Petrus wieder zu sich gekommen und sagte: „Nun weiß ich sicher, daß der Herr seinen Engel gesandt hat, um mich aus der Gewalt des Herodes zu erretten." (Apg. 12,1–11a)

Ich selbst werde bereits ausgeschüttet wie ein Trankopfer, die Zeit meines Hinscheidens ist gekommen. Ich habe den guten Kampf gekämpft, ich habe den Wettlauf vollendet, ich habe den Glauben behalten. Jetzt erwartet mich der Siegeskranz der Gerechtigkeit, den mir der Herr als gerechter Richter überreichen wird – aber nicht nur mir, sondern allen, die mit ernsthafter Sehnsucht auf sein Erscheinen gewartet haben.
Der Herr stand mir zur Seite und gab mir Kraft, damit durch mich die Aufgabe der Verkündigung erfüllt würde und alle Völker das Evangelium hörten. So wurde ich aus dem Rachen der Löwen errettet. Der Herr wird mich auch weiterhin vor allen Versuchen bewahren, mir zu schaden und mich sicher in sein himmlisches Reich bringen. Ihm sei in alle Ewigkeit Ehre! Amen. (2. Tim. 4, 6–8.17 f.)

Als Jesus mit seinen Jüngern gegessen hatte, sprach er zu Simon Petrus: „Simon, Sohn des Johannes, liebst du mich mehr als diese?" „Ja", sagte Petrus, „du weißt, daß ich dich liebe!" Da sagte Jesus: „Weide meine Lämmer!"
Ein zweites Mal fragte er ihn: „Simon, Sohn des Johannes, liebst du mich?" „Ja, Herr", sagte Petrus, „du weißt, daß ich dich liebe!" Und Jesus antwortete: „Hab acht auf meine Schafe!"
Ein drittes Mal fragte er ihn: „Simon, Sohn des Johannes, liebst du mich?" Petrus wurde traurig, weil er ihn ein drittes Mal fragte: „Liebst du mich?" So antwortete er: „Herr, du weißt alles. Du weißt, daß ich dich liebe!" Da sagte Jesus zu ihm: „Weide meine Schafe! – Petrus, ich sage dir: als junger

Mann hast du dich selbst gegürtet und bist gegangen, wohin du wolltest. Aber jetzt, wo du älter wirst, wirst du deine Hände ausstrecken, und ein anderer wird dich gürten und dorthin führen, wo du nicht hin willst." Als Jesus das gesagt hatte, sprach er zu Petrus: „Folge mir!" (Joh. 21, 15–18.19b)

Ich möchte heute Abend über ein paar Erfahrungen reden, die ich in Amerika und in Europa im Zusammenhang mit der Friedensbewegung gemacht habe. Wir haben gerade drei großartige Lesungen gehört, und es ist sicherlich etwas verstiegen, wenn ich mich und Jim mit Petrus und Paulus vergleiche. Aber weil heute das Fest Peter und Paul ist, will ich es trotzdem wagen. Unsere Deutschlandreise, direkt vom Gefängnis in Washington aus, verbindet uns mit der ersten Lesung, wo wir hören, daß die Apostel einen Großteil ihres apostolischen Dienstes im Gefängnis zubrachten. Als wir verhaftet wurden und viele Leute meinten, das sei jetzt etwas ganz außergewöhnliches, da mußte ich daran denken, daß *Martin Luther King* 185 Mal hinter Gittern war. Wir haben also noch einiges vor uns. In der zweiten Lesung spricht Paulus davon, daß er sich wie ein Trankopfer fühlt, das man zu Ehren der Götter an heiligen Stätten auszuschütten pflegte. Gegen Ende seines Dienstes erlebt er dieses „Verschüttetwerden"; offenbar ist er müde und doch noch immer im Rennen. Man spürt, wie er hofft und sich sehnt, daß sein Weg bald vollendet ist, weil er so anstrengend und schwer war. Meine Deutschlandreise war für mich eine der anstrengendsten Vortragstouren, die ich jemals absolviert habe. Nicht, weil nichts Gutes passiert wäre – ich bin vielen außergewöhnlichen Menschen begegnet, und ich hoffe, wir konnten auch allerhand Gutes tun. Aber unser Programm war vollgestopft mit Verpflichtungen wie nie zuvor. Wir hielten Vorträge, dann hat man uns in die Eisenbahn gesetzt, und wir haben wieder geredet; dann mit dem Bus hierhin, mit dem Auto in jene Stadt. Wenn wir gegen Mitternacht nach Hause gekommen sind, fix und fertig und erschöpft von den vielen Menschen, dann konnten wir uns nur noch in einen Biergarten retten. Ich hatte jedes Mal fürchterliche Schuldgefühle, weil Linda Robbins aus unserer Gemeinschaft während der ganzen Zeit meiner Reise Bier gefastet hat – und da sitze ich jeden Abend und ziehe mir ein, zwei Bier rein! Ich habe

mindestens sechsmal erzählt, daß bei mir daheim eine Frau Bier fastet.
Wenn ich trotz der Erschöpfung einigermaßen erfrischt wirke, wie ich hoffe, dann kommt das von den drei Tagen in Assisi, die wir an unsere Deutschlandtour angehängt haben. Ich glaube, das war mein schönstes Assisi-Erlebnis, das ich je hatte. Hinter mir seht ihr eine Kopie des Kruzifixes von San Damiano, die ich euch mitgebracht habe. Es hing in jener ersten Kirche vor den Toren Assisis, die Franz wiederaufgebaut hat. Als er dort betete, sprach dieses Kruzifix zu ihm und sagte: „Franz, bau meine Kirche wieder auf!" Das wurde seine Lebensberufung. Eigentlich ist das ja auch die Berufung unserer Gemeinschaft: Kirchenerneuerung, der Wiederaufbau des Leibes Christi. Bevor ich nach San Damiano fuhr und mich auch wie ein „ausgeschüttetes Trankopfer" fühlte, völlig groggy, sagte mein Übersetzer, der mit uns durch Deutschland reiste: „Wenn ihr beide nach San Damiano kommt, wird das Kruzifix wahrscheinlich zu euch sagen: Hört endlich auf, meine Kirche wiederaufzubauen!" – Das hat es zwar nicht getan, aber zu diesem Zeitpunkt habe ich mich ganz danach gefühlt!
Jetzt aber zu Deutschland: Wir haben sehr viel gelernt. Ein Großteil der Reise wurde von der *Aktion Sühnezeichen,* dem *Versöhnungsbund* und der *Offensive junger Christen* getragen. All diese Gruppen versuchen auf unterschiedliche Weise, die beiden Blöcke der Welt dazu zu bringen, einander zu verstehen. Diese Versöhnungsgruppen haben mich weit mehr beeindruckt als die katholischen und evangelischen Großkirchen in Deutschland.
Vor allem die katholische Kirche ist noch immer in ihrer Ideologie verhaftet, während diese Gruppen versuchen, auf beiden Seiten zu stehen. Manche Menschen in diesen Gruppen geben ihr ganzes Leben für den Dialog, für den Versuch, beide Seiten miteinander ins Gespräch zu bringen. Schon geographisch liegt ja Deutschland im Brennpunkt zwischen den Weltmächten. Das ist eine einmalige, ungeheuer spannungsvolle Lage.
Ich kann leider nicht sagen, daß mich die Friedensbewegung, der ich begegnet bin, sehr beeindruckt hat. Vieles empfand ich als sehr säkularisiert und ideologisch, was ich da erlebte, ohne spirituellen Tiefgang. Deswegen nahmen wir es als Herausforde-

rung, dieser Bewegung den *Glauben* zu predigen. Zahlenmäßig ist diese Bewegung viel größer als bei uns. Ich habe hier das lila Halstuch mitgebracht, das jetzt von Friedensfreunden überall in Deutschland getragen wird. Der Text auf dem Tuch sagt: „Umkehr zum Leben. Die Zeit ist da für ein Nein ohne jedes Ja!" Überall in Deutschland trägt man dieses Tuch als Protestzeichen gegen die Aufrüstung. Violett ist die liturgische Farbe für Buße und Umkehr. Sie symoblisiert in Deutschland die Reue über die vergangenen Kriege, die von deutschem Boden ausgingen und den Entschluß, in Zukunft Friedensstifter zu sein. Dennoch hatte ich den Eindruck, daß vieles nicht Ausdruck von Glaube und Hoffnung war, sondern eher Angst, Hilflosigkeit und Wut. Manches erinnerte mich an die 60er Jahre bei uns, junge Leute mit Protestfahnen. Man ist sich nicht sicher, ob sie wirklich wissen, worüber sie reden. Trotzdem hoffe ich, daß wir einigen von ihnen eine etwas tiefere Glaubens-Perspektive vermitteln konnten.

Es ist traurig, – das habe ich auch in der Nürnberger Lorenzkirche und an anderen Orten in Deutschland gesagt –, wie wenig Deutschland dazugelernt hat, trotz der beiden Weltkriege. Einer der Gründe liegt wohl darin, daß durch unseren Marshall-Plan, der dem Land helfen sollte, Deutschland sehr schnell wieder sehr wohlhabend wurde. Es gibt in Deutschland keine Armen, keine Slums; es geht den Leuten gut, sogar sehr gut! Sie fingen sofort wieder an, Geld zu verdienen und hatten gar keine Zeit „Buße zu tun", wie die Bibel es nennen würde. Wir reden ja hier bei uns oft davon: was wir nicht erkennen, wofür wir keine Verantwortung übernehmen, was im Schatten und im Dunkel bleibt – das ist alles noch da. Es ist nur nicht bearbeitet. Das bei einem ganzen Volk zu sehen, war traurig. Ich habe ein paar Mal gesagt: Wenn es ein einziges Land in der Welt gibt, in dem zu erwarten wäre, daß die Kirche sich nicht ständig bei der Regierung anbiedert, dann ist das Deutschland. Aber diese Freiheit haben sie irgendwie nicht gefunden. Ich hätte erwartet, sie in Deutschland anzutreffen. Ich hätte erwartet, daß die dortige Kirche das Evangelium und seine Werte begriffen hätte.

Aber ich sehe so etwas wie Wachstum. Ich schätze, daß sie der amerikanischen Friedensbewegung vielleicht fünf Jahre hinterher sind. Trotz marxistischer und anderer Elemente ist unsere

amerikanische Friedensbewegung doch größtenteils eine kirchliche Bewegung, eine Glaubensbewegung. Das erleben die meisten so, die durchs Land reisen. Unsere Friedensbewegung besteht in erster Linie aus der mittleren Generation und der Mittelschicht bewußter Kirchenleute. Das ist eine einmalige Erscheinung. Ich halte es für ein Zeichen von Reife. Wir haben gemerkt, daß Frieden nicht auf Ideologien und Programme gebaut werden kann, sondern eine geistliche Grundlage braucht.
Vor dem Zweiten Weltkrieg gab es, wie mir gesagt wurde, weder einen evangelischen noch einen katholischen Bischof, der gegen Hitler und den Nationalsozialismus wirklich Widerstand leistete. Einige Pfarrer erzählten mir, daß sie nach dem Krieg erst ins Ausland reisen mußten, um sozusagen von außen zu sehen, in welchem Zustand sich ihr Land befand und befindet. Das kann ich gut verstehen. Solange ich in Amerika bin, kann ich bestimmte Dinge nicht in Frage stellen, ja, nicht einmal wirklich sehen. Es ist eine Art nationale Betriebsblindheit. In Deutschland konnte ich Sachen sagen, die ich wahrscheinlich nicht mal euch hier in meiner eigenen Gemeinde zumuten würde. Ich glaube, dieses Bedürfnis, die eigene Regierung zu verteidigen und das eigene Nest nicht zu beschmutzen, gehört zu den archetypischen Grundstrukturen einer Volksseele. Unsere Regierung muß doch recht haben! Wenn dieser Glaube erschüttert wird, dann werden die meisten von uns selbst zutiefst erschüttert. Aber unsere Gesellschaft ist an einen Punkt gekommen, wo wir bittere Wahrheiten über unsere eigene Regierung erkennen müssen. In Deutschland hatte ich nicht den Eindruck, als sei eine solche Erkenntnis weit verbreitet. Man hat sich im Grunde geweigert, für die Schuld des Dritten Reiches und des Zweiten Weltkriegs Buße zu tun. Für viele Kirchen und Prediger war das eine „seelsorgerliche" Entscheidung. Man sagte: „Unser Volk hat genug durchgemacht, wir können ihm solche Umkehrpredigt nicht auch noch zumuten." So wollte man im Namen der Seelsorge, im Namen der Barmherzigkeit die Menschen nicht weiter beunruhigen. So etwas hat verheerende Folgen.
Wer die geschichtlichen Zusammenhänge ein wenig kennt, der weiß, daß die Hitlerbewegung vor allem im Fahrwasser eines verbreiteten Anti-Kommunismus an die Macht kommen konnte. Im Namen des Anti-Kommunismus konnte Hitler sich vieles von

dem leisten, was er sich geleistet hat. Dasselbe erleben wir heute im Westen, vierzig Jahre danach: Im Namen des Anti-Kommunismus läßt sich alles rechtfertigen. Dabei hätten wir lernen können, daß diese polarisierte Haltung, wo wir ständig die jeweils andere Seite für schuldig erklären, niemals Frieden und Leben schaffen wird auf dieser Erde.
Wir hatten die Gelegenheit, einige Überlebende der „Bekennenden Kirche" zu besuchen und kennenzulernen. Einige von euch kennen *Dietrich Bonhoeffers* Bücher „Nachfolge" und „Gemeinsames Leben". Bonhoeffer war einer der ganz wenigen Pfarrer, die sich dem Widerstand gegen Hitler anschlossen. Seine Kirche folgte ihm nicht. Als er im Gefängnis war, gab es keine öffentliche Fürbitte für ihn, weil sein Widerstand „politisch" war.
Wir lernten *Helmut Gollwitzer* kennen, einen der letzten Vertreter jener Bekennenden Kirche. Diese wenigen weisen alten Heiligen versuchen heute, aus ihrer Erfahrung heraus zur Friedensbewegung zu reden. Es ist erschreckend, wie wenige es sind – in dieser riesigen Kirche!
Ich hörte erstmals von einer kleinen Widerstandsgruppe im Dritten Reich, die sich „die weiße Rose" nannte. Es handelte sich um eine Gruppe katholischer Studenten in München, die sich um einen Hochschulprofessor scharte. Es war eine winzige Gruppe von 19- bis 21jährigen, die aus ihrem Glauben und von ihrem Gewissen her zu dem Schluß kamen, daß sie Hitlers Militarismus nicht länger unterstützen könnten. Sie wußten, was es hieß, Widerstand zu leisten und Flugblätter zu verteilen. Sie wurden systematisch ausgerottet, geköpft. Ich traf einen jungen Mann, dessen Vater Teil dieser Bewegung gewesen war, sich aber noch rechtzeitig verstecken konnte. Diese Gruppe ist ein wundervolles Zeugnis dafür, wozu der Glaube auch in unserem Jahrhundert Menschen befähigt hat. Falls jemand von euch aus dem Deutschen übersetzen kann, dann würde ich diesen Bericht über die „Weiße Rose" gerne hier in Amerika publizieren lassen.
Viele von euch sind besonders an meiner Reise nach Ost-Berlin interessiert. Ich habe vorher nichts davon gesagt, und man instruierte uns auch in West-Berlin, daß wir an der Grenze wie etwas dümmliche amerikanische Touristen auftreten sollten. Mein Übersetzer schlug vor, ich sollte ein grellbuntes Hemd anziehen und mir einen Photoapparat umhängen und auf irgend-

Archetyp Mauer
Frank Lorenz, Collage

welche Fragen hin mich an Jim wenden: „Wozu ist diese Mauer da?“ So würde ich dumm genug wirken, daß sie mich durchließen. Das alles habe ich nicht machen müssen, und sie haben mich trotzdem reingelassen.
Die Mauer von Berlin ist ein Symbol für unsere heutige Welt, ein Archetyp für den Geisteszustand der Menschheit. Wir hatten Gott sei Dank die Gelegenheit, die Mauer von beiden Seiten zu erleben. Wenn sonst auf der ganzen Reise nichts geschehen wäre, wäre ich doch ungeheuer dankbar für diese Erfahrung. Ich verstand plötzlich etwas, was ich vorher so nicht verstanden habe. Ohne zu romantisieren: die ganzen west-östlichen Feindbilder, mit denen ich aufgewachsen bin, zerrannen in wenigen Stunden in nichts. Ich begann zu verstehen, was wirklich geschehen ist.
Zunächst begegnete mir im Osten eine Kirche, die ich als wesentlich lebendiger, relevanter und reifer empfand als die Kirche im Westen. Denn dort kostet das Christsein etwas. So einfach ist das. Die jungen Familien, die wir besuchten, erzählten zum Beispiel davon, was geschieht, wenn sie ihre Kinder nicht zum obligatorischen Wehrkunde-Unterricht in der Schule schikken. Diese Kinder können sich jede Chance auf eine Hochschulbildung oder ähnliches abschminken. Die DDR ist sozusagen eine Klär-Anlage für die Kirche. Da ist kein Platz für ein gemütliches Sonntag-Morgen-Fernseh-Christentum. Es muß echt sein, weil es von Anfang an etwas kostet. Dort in Ostberlin sind mir wundervolle, nicht kompromittierte Christen begegnet. Ich werde euch später einen abgezogenen Brief austeilen, den sie mir für die Christen in den USA mitgegeben haben.
Das Auffälligste für mich war folgendes: Wir haben in der Schule gelernt, daß Kommunismus „atheistischer Materialismus“ sei. Die Bundesrepublik ist zehnmal so materialistisch wie die DDR! Das erste, was beim Grenzübergang in die Augen springt, ist dieser Unterschied. Man sieht ein Fünftel der Privatautos wie in Amerika. Ein Familienvater sagte zu mir: „Wir hier müssen uns entscheiden. Was ihr dort drüben Freiheit nennt, das besteht darin, daß ihr 100 verschiedene Möglichkeiten zur Auswahl habt. Wir haben nur zehn. Man muß lernen, mit den wenigen Möglichkeiten, die da sind, etwas Gutes auf die Beine zu bringen.“ Mir schien deshalb auch das Familienleben der Chri-

sten, die ich antraf, wesentlich intensiver zu sein als bei uns. Ein Großteil des Konkurrenzkampfes der kapitalistischen Gesellschaft fällt einfach weg. Nimm einem Land den Konkurrenzkampf, das Ellenbogendenken und den Zwang zum Geldverdienen und zum Erfolg – ihr könnt euch kaum vorstellen, was das ausmacht. Dort gibt es kaum Reklame, kein reißerisch aufgemachtes Warenangebot. Dadurch wird das ganze Leben viel langsamer, ruhiger – und ich bin nicht sicher, ob das nicht letztlich ein Geschenk ist. Wir können vieles nicht tun, viele Beziehungen nicht wirklich pflegen – weil wir so viele andere Möglichkeiten haben.

Ein kleiner Witz am Rande – ich hoffe, ihr findet das witzig: wir erzählten einer kleinen Friedensgruppe in Ost-Berlin, mit der wir in Kontakt kamen: „Unser Präsident behauptet, wir würden vom Kreml finanziert. Wir stammen beide aus recht armen Lebensgemeinschaften in den Staaten. Wir sind hergekommen, um unser Gehalt abzuholen.“ Sie fanden das jedenfalls sehr komisch, weil sie sagten: „Genau das gleiche erzählt man hier. Wir werden vom CIA finanziert.“ Dieselben Lügen auf beiden Seiten! Weil wir kein Vertrauen wagen! In Ost-Berlin fanden wir überall an den Kirchen dieses Plakat, diese Aufforderung: „Vertrauen wagen!“. Deutschland steckt im Schraubstock zwischen Ost und West. Sie wissen das. Aber Westdeutschland sollte es besser wissen. Die Bundesrepublik ist zu sehr mit ihrem Wohlstand beschäftigt. Wenn man damit beschäftigt ist, immer reicher zu werden, dann versteht man die Zusammenhänge nicht mehr, weil dieses Streben das ganze Leben und das ganze Wertesystem bestimmt.

In ganz Deutschland fiel mir das Unvermögen auf, mit dem umzugehen, was mit den Juden geschehen ist. Ich war in einer kleinen Stadt, wo einst jedes vierte Haus Juden gehört hat. Heute lebt dort kein einziger Jude mehr. Die Synagoge wurde niedergebrannt. Der jüdische Friedhof am Stadtrand ist verwildert, das Tor verrammelt. Wir gingen ins Wirtshaus, und mein Begleiter sagte: „Wenn ihr hier irgend jemanden nach den Juden fragen würdet, würdet ihr Schweigen ernten.“ Aber jedes vierte Haus steht auch heute noch in dieser Stadt und wird von jemandem bewohnt! Es waren eben nicht nur Hitler und die Gestapo und die SS. In jedem Dorf hat es Komplizen gegeben. In jedem Dorf sind Deutsche in die jüdischen Häuser gezogen und haben sich fremden Besitz angeeignet. Diese Schuld lastet wie ein ungeheueres Gewicht auf Deutschland. Ich kann mir nicht vorstellen, wie Deutschland davon jemals frei wird, es sei denn durch ernsthafte Buße und Umkehr vor Gott.

Ich war nie in einem Land, wo das nationale Selbstbewußtsein der Menschen so angeschlagen ist. Ich habe gerade von jungen Leuten immer wieder gehört: „Ich bin nicht stolz darauf, Deutscher zu sein." Ich bin deutscher Abstammung wie viele Mitglieder unserer Gemeinschaft auch, so daß das auch uns irgendwie betrifft und berührt.

Wir verbrachten einige Tage in einer echten Burg – bei der „Offensive junger Christen". In diesem Schloß auf einem Berg in Süddeutschland versuchen sie, polarisierte Gruppen zusammenzubringen zum Gespräch. Da kommen Marxisten und Sozialisten, Rechte und Linke, Christen und Nicht-Christen zusammen. Der Dialog, den sie in Gang bringen wollen, läuft so ab: Zuerst erzählt man von sich selbst, persönlich – nicht ideologisch, kommunistisch, kapitalistisch, protestantisch, katholisch. Erzähl mir *erst* von dir, von deinem Leben, deinen Eltern, deinen Sorgen! Erst, wenn sie so von sich geredet haben, erzählen sie sich, woran sie glauben. Das ist, wie man mir sagte, ein völlig neues Erlebnis – wegen dieses persönlichen Einstiegs. Denn dann wissen wir, daß wir alle in einem Boot sitzen, daß wir alle Menschen sind. Wir sind auch Opfer der Umstände und unserer Lebensgeschichte, die uns zwingt, bestimmte Masken zu tragen. Präsident *Eisenhower* hat einmal gesagt, als er nicht mehr Präsident war – es ist erstaunlich, wie viele Leute plötzlich die Wahrheit sagen, wenn sie nicht mehr im Amt sind! –: „Eines Tages werden die Regierungen beiseitetreten und den Menschen den Frieden lassen, den sie wollen." Denn die Bürokratien, die ideologischen und ökonomischen „Sachzwänge" lassen es nicht zu, daß die Wahrheit ans Licht kommt. Richtig ist, was dem System nützt und den Amtsinhabern: Was muß geschehen, damit wir eine gute Figur machen und wiedergewählt werden? Dort drüben in Deutschland läuft dasselbe Spiel ab wie bei uns. Wer wird die Wahrheit sagen? Wer wird sagen, was die Menschen dieser Erde wirklich brauchen? Das wird für die Machthaber immer schwieriger, weil man einen hohen moralischen Preis

bezahlen muß, bis man nach oben kommt an die Macht. Wenn man hundert Kompromisse geschlossen hat, um nach oben zu kommen, dann gibt es nur noch ganz wenige, die dort oben stehen können und noch immer die Wahrheit sagen.
Der *Kirchentag* in Hannover, die größte christliche Versammlung der Welt mit 130000 Teilnehmern, war ein außergewöhnliches Erlebnis. Wir redeten nicht zu dieser ganzen Menschenmasse. Aber wir verbrachten einige Zeit mit *Ernesto Cardenal* und aßen mit ihm Mittag, wir trafen *Alan Boesak,* den Führer der schwarzen Befreiungsbewegung in Südafrika und verbrachten einen ganzen Nachmittag mit ihm, wir redeten mit *Erzbischof Weekland,* der gerade den Hirtenbrief der amerikanischen Bischöfe zum Kapitalismus schreibt, wir waren auf einem Podium mit *Adolfo Perez Esquival,* dem letztjährigen Friedensnobelpreisträger, – ich glaube, langsam klingt das Ganze wie ein Vortrag aus dem „Who is Who" der Christenheit. Also: ein echtes Bildungserlebnis. Ich hätte nie gedacht, daß ich diese bedeutenden Leute alle einmal persönlich treffen würde.
Die Kirche, in der wir unsere Bibelarbeiten hielten, lag in Mühlenberg, am Stadtrand von Hannover. An dieser Stelle lag einst ein Konzentrationslager, wo auch viele Juden getötet wurden. Es war etwas ganz besonderes für uns, gerade an diesem Ort zu stehen und vom Frieden zu reden.
Es ist traurig, daß viele Menschen mehr Angst vor echter Versöhnung haben als vor Krieg und Bomben. Das ist teuflisch! Sie haben Angst davor, miteinander zu reden, vielleicht nicht recht zu haben. Das ist geistliche Blindheit und absurd. Aber die Furcht gebiert so etwas.
Ich habe versucht, jeden Abend Tagebuch zu führen und das, was ich erlebte, zu reflektieren. Dabei ist mir eine Sache ganz neu aufgegangen: solange man sich mit Symptomen befaßt, gilt das als „religiös" und deshalb erlaubt. Man heilt, man hilft, man speist die Hungrigen – all das sieht religiös aus. Aber sobald man Ursachen beim Namen nennt, ist das „politisch". Die Mission der Kirche sollte darin bestehen, Wunden zu verpflastern, meinen viele. Natürlich sollen wir die Hungrigen speisen und den Armen helfen! Aber ein Teil des Auftrags der Kirche muß es immer sein, nicht nur Symptome zu kurieren, sondern an die Wurzeln zu gehen. Was sind die Strukturen in der Welt, die die

Menschen verarmen lassen? Weshalb leben Menschen in Angst und weshalb greifen sie zur Gewalt? Aber sobald man das tut, löst man bei den Zuhörern Ängste aus. Dann nennen sie dich „politisch“, „aktivistisch“, „gewalttätig“, „kommunistisch“ – alles Vokabeln aus den Briefen, die ich in den letzten Wochen nach meiner Verhaftung bekommen habe. Manche Leute müssen sich irgend etwas ausdenken, was in ihr System paßt, und was in ihrem System „schlecht“ ist. Das werfen sie dir an den Kopf, weil du ihnen Angst machst. Die Welt hat Angst vor dem Frieden. Wirklich! Sie hat sich an den Krieg und an die Angst so sehr gewöhnt! Nimmst du ihnen die Angst weg, wissen sie nicht mehr, wie sie leben sollen.

Unsere Rolle als christliche Gemeinde läßt sich in dem Titel zusammenfassen, den wir einst dem Papst gegeben haben: *Pontifex*. Das heißt wörtlich übersetzt: Brückenbauer. Unsere Rolle ist es, Brückenbauer zu sein. Das habe ich von den deutschen Versöhnungsgruppen ganz neu gelernt: Wie können wir beide Seiten dazu bewegen, miteinander zu reden, damit sie aufhören, sich aufeinander einzuschießen und statt dessen begreifen, daß auch auf der anderen Seite Wahrheit ist? Aber wenn man eine Brücke baut oder eine Brücke ist – dann trampeln sie von beiden Seiten auf dir herum. Die Rechte haßt dich genauso wie die Linke, weil du nicht in ihr System paßt. Du bist weder marxistischer Ideologe noch kapitalistischer Reaktionär. Der größte Teil der Welt hat sich an diese Alternative gewöhnt, weil sie den Freiraum in der Mitte nicht kennen, das Evangelium, wo wir versuchen, Frieden zu schaffen und mit einem gewissen Maß an Intelligenz wirklich hinzuhören.

Ein Mann sagte mir etwas sehr wichtiges: „Wer den status quo der Ost-West-Situation verändern will, der muß ihn erst einmal akzeptieren.“

Warum zum Beispiel wurde die Berliner Mauer gebaut? Zwischen 1948 und 1961 hat der Westen alles getan, was in seiner Macht stand, um die Wirtschaft der DDR zu zerstören. Seit der russischen Revolution 1917 hat Amerika alles versucht, um diese Revolution kaputtzumachen. Genau so, wie wir es jetzt mit Nicaragua machen. Das muß ja den Haß der anderen Seite hervorbringen. Wenn Nicaragua überlebt, dann wird man dort Amerika in alle Ewigkeit hassen. Wir haben von Anfang an versucht, das Gute zu vereiteln, was die Revolution in Rußland bewirken wollte. So wurde die Sowjetunion in eine reaktionäre Position gezwungen. Sie mußten sich verteidigen, sie wurden totalitär und autoritär. Wir sind in der Stalin-Ära aufgewachsen und haben gesehen, was aus der Revolution geworden war. Aber in der DDR ist mir eine Art von Realismus begegnet, wie ich ihn unter uns nicht finde. Die Christen, die mir dort begegnet sind, waren Realisten mit der Haltung: „So ist es. Wie können wir als Christen in dieser Situation leben und lieben?" Wir dagegen stehen hinter unseren Charaktermasken und schreien, daß die andere Seite böse ist. Der wirkliche Grund für die Mauer war ein wirtschaftlicher. *Marx* hat schon recht, wenn er sagt: Wenn man den Dingen wirklich auf den Grund geht – das gilt auch für die Theologie der Kirche –, dann geschieht das meiste in Wirklichkeit aus ökonomischen Gründen. Man muß nur ein bißchen am Lack kratzen – und schon zeigt sich die Eigendynamik der Ökonomie. Mit einem kapitalistischen Wirtschaftssystem kann man natürlich einfacher und schneller Geld machen. Die Westsektoren Berlins waren erfolgreicher als der sowjetische Sektor. Sie haben die Mauer gebaut, um die Menschen zu zwingen, dort drüben ihr Leben einzurichten. Und die meisten tun das auch. Das Bild, mit dem ich aufgewachsen bin, sah so aus: Da sind Menschen an eine Mauer gekettet, werden mißhandelt und geschlagen – oder so ähnlich. Ich weiß nicht, wer uns das eingeredet hat. Dort drüben leben Menschen wie du und ich mit Familien, Kindern – nur weniger materialistisch als ich und ihr. Wir haben im Westen das Christentum auf unsere Fahnen geschrieben. Sie bekennen sich zum Atheismus. Aber ich sehe bei uns einen praktischen Atheismus, wenn wir auch den Theismus auf den Lippen tragen. Bei den Christen, die mir in Ost-Berlin begegnet sind – ich weiß, daß das auch nur ein Bildausschnitt ist – fand ich jedenfalls ein sehr echtes, glaubwürdiges Christentum. Ich war schon immer der Meinung, daß eine Position am Rande der Gesellschaft, ohne Privilegien und Macht, die beste Position für die Kirche ist.

Was mich an der „Offensive junger Christen" so sehr beeindruckt hat, war die Tatsache, daß ihr Motto gleichsam lautete „Für andere leben". Das war auch *Bonhoeffers* Bild von der Kirche: Weil Jesus für andere gelebt hat, weil er der Mensch für andere war, deshalb muß sein Leib, die Gemeinde, Kirche für andere sein: für die Juden, für die Heimatlosen, für die Schwachen, für den Feind. Vielleicht kann uns das inspirieren, so daß auch wir uns fragen: Leben wir für andere oder in erster Linie für uns selbst? Hat unser Leben etwas mit Jesus zu tun, mit der Eucharistie, die wir gleich feiern und die seine Hingabe symbolisiert, seine Hingabe an andere, an uns? Es ist leicht zu sagen, daß wir für den Frieden sind. Alle in der Welt sagen: Wir sind für den Frieden. Jesus aber will, daß wir Frieden stiften. Frieden machen, das setzt genauso viel Mühe und Opferbereitschaft voraus wie das Kriegmachen. Wir haben nicht gelernt, wie man Frieden stiftet. Jesus sagt uns: „Selig sind die Friedensstifter!" – das bedeutet Mühe, Bildung, Verständnis, Engagement.

Ich möchte zum Abschluß einen Brief vorlesen, den ich in Ost-Berlin überreicht bekam. Er stammt von einer kleinen Friedensgruppe, die mich bat: Nimm diesen Brief mit nach Amerika.

„Liebe Freunde in den Vereinigten Staaten von Amerika, wir haben von Eurem Einsatz für Abrüstung und Frieden gehört. Dafür sind wir dankbar. Wir fühlen uns mit euch in unserem gemeinsamen Glauben tief verbunden, der uns zum Einsatz für den Frieden führt. Wir leben auf der anderen Seite dieser geteilten Welt. Wir finden es wichtig, daß wir Euch aus unserer Situation berichten. Angst und Mißtrauen wurden von jeher gegen andere politische Systeme gesät, damit Rüstung und Krieg eher hingenommen werden. Wir alle werden von den Massenmedien beeinflußt, die uns umgeben, ob uns das gefällt oder nicht. Die stereotypen Feindbilder, die uns vermittelt werden, prägen uns. Das ist für uns und für euch eine schwere Last. Wir möchten diese Bilder durchbrechen und gegen diese Angst etwas unternehmen, die zwar ungerechtfertigt ist, aber dennoch von vielen Menschen geteilt wird.

Laßt uns ein wenig von unserem Leben als Christen in der DDR erzählen: wir können unsere religiösen Angelegenheiten in Freiheit regeln und stehen in regem Austausch mit Gruppen in anderen Ländern, vor allem in Europa. Wir können unsere Angelegenheiten mit dem Staat durch den Staatssekretär für Kirchenfragen besprechen. Bei diesen Gesprächen geht es unter anderem um Kriegsdienstverweigerung, Zivildienst, das Friedenszeugnis der Kirche, die Frage nach atomwaffenfreien Sicherheitskonzepten, vertrauensbildende Maßnahmen und einseitige Abrüstungsschritte.

Wir sind eine kleine Friedensgruppe und halten uns nicht für besonders wichtig oder einflußreich. Aber wir wollen dem Auftrag folgen, der

Obrigkeit die Wahrheit zu bezeugen. Dazu haben wir Gelegenheit. Unsere Auffassungen über die Vorzüge und Nachteile des sozialistischen Systems sind unterschiedlich. Viele von uns sind z.B. über die Einschränkungen unserer Reise- und Bewegungsfreiheit unglücklich, obwohl wir die Gründe dafür verstehen. Verstehen heißt aber nicht billigen. Es ist jedoch ein wichtiger Schritt auf dem Weg zur Versöhnung.
Wir finden Zukunftshoffnung nur in einem Klima der Entspannung, wie es die Politik der 70er Jahre bestimmte und die Situation auf vielfache Weise vereinfachte. Diese Politik wurde nun durch einen erneuten Rüstungswettlauf abgelöst. Viele Menschen bei uns haben Angst. Besondere Sorge macht uns die drohende Stationierung von Mittelstreckenraketen in der Bundesrepublik mit all den unvorhersehbaren Risiken, die damit verbunden sind.
Die Geschichte beweist, daß Ideen nicht dadurch aus der Welt geschafft werden, daß man Menschen tötet. Deshalb ist der Krieg in der Auseinandersetzung mit dem Kommunismus ein völlig wirkungsloses Mittel. Wo immer in der Welt Ungerechtigkeit und Armut herrschen, werden die Konzepte des Kommunismus erneut entstehen. Kein System ist so schlecht, daß es nicht an bestimmten Punkten von uns unterstützt werden kann. Kein System ist so gut, daß es nicht mehr verbessert werden kann. Probleme zwischen politischen Opponenten können nicht durch Kriegsführung mit heutigen Waffen gelöst werden. Die Erfahrung lehrt uns, daß der Geist nicht durch Gewalt unterdrückt werden kann.
Wir wollen gemeinsam mit Euch für den Frieden beten und alles tun, was in unserer Macht steht, damit Gottes schöne Welt bewahrt wird.
Wir, Eure Freunde in der Deutschen Demokratischen Republik, grüßen Euch in tiefer Gemeinschaft verbunden."

LEUTE DER LÜGE
Ein Buch von Scott Peck

Wenn du willst, so kannst du die Gebote halten. Von deiner Entscheidung hängt es ab, ob du Gott die Treue hältst. Er hat Feuer und Wasser vor dich gelegt; du hast selbst die Wahl, welches von beiden du nehmen willst. Du kannst wählen zwischen Leben und Tod und bekommst, was du wählst. Die Weisheit und Macht des Herrn sind groß, und er sieht alles. Er weiß alles, was ein Mensch tut. Freundlich blickt er auf die, die ihm gehorchen. Er hat keinem befohlen zu sündigen und niemandem gibt er die Kraft zu lügen. (Sirach 15, 15–20)

Für die, die geistlich reif sind, verkünden wir Weisheit. Das ist keine Weisheit dieser Welt, auch nicht der Herrscher dieser Welt, die untergehen. Wir verkündigen vielmehr Gottes Weisheit, eine geheimnisvolle, verborgene Weisheit. Gott hat sie vor aller Zeit zu unserer Verherrlichung vorherbestimmt. Keiner der Herrscher dieser Welt hat dieses Geheimnis erkannt. Hätten sie es erkannt, dann hätten sie den Herrn der Herrlichkeit nicht gekreuzigt. Von dieser Weisheit steht geschrieben: „Kein Auge hat gesehen, kein Ohr hat gehört, kein Menschenherz hat erahnt, was Gott für die bereitet hat, die ihn lieben.“ Uns aber hat es Gott offenbart durch seinen Geist. Denn der Geist erforscht alle Dinge, sogar die Tiefen Gottes. (1. Kor. 2,6–10)

Jesus spricht zu seinen Jüngern:
„Meint nicht, ich sei gekommen, um das Gesetz und die Propheten abzuschaffen. Ich bin nicht gekommen, um sie abzuschaffen, sondern um sie zu erfüllen. Ich versichere euch: Bis Himmel und Erde vergehen, wird weder der kleinste Buchstabe noch ein Tüttelchen des Gesetzes abgetan, bis es alles wahr wird. Wer also das unbedeutendste dieser Gebote bricht und andere lehrt, dies auch zu tun, wird der Letzte im Reich Gottes heißen. Wer aber diese Gebote erfüllt und lehrt, der wird im Reich Gottes groß heißen. Ich sage euch: Wenn eure Gerechtigkeit nicht die der Schriftgelehrten und Pharisäer übertrifft, werdet ihr nicht ins Reich Gottes kommen.
Ihr habt gehört, daß zu euren Vorfahren gesagt wurde: ‚Du sollst nicht töten. Wer aber tötet, der muß vors Gericht.‘ Ich aber sage euch: Schon wer mit seinem Bruder zürnt, muß vors Gericht. Wer seinen Bruder ‚Hohlkopf‘

nennt, muß vor den Hohen Rat. Und wer zu ihm sagt: ‚Du Null', der riskiert das Höllenfeuer.
Darum: Wenn du deine Gabe zum Altar bringst und es fällt dir dabei ein, daß dein Bruder etwas gegen dich hat, so laß dort vor dem Altar deine Gabe und geh erst hin und versöhne dich mit deinem Bruder – und dann komm und opfere deine Gabe.
Verlier keine Zeit. Einige dich mit deinem Gegner auf dem Weg zum Gericht. Sonst liefert dich dein Gegner dem Richter aus, der Richter dem Gerichtsdiener – und der wirft dich ins Gefängnis. Ich warne dich: Du kommst nicht eher heraus, bis du den letzten Pfennig bezahlt hast!
Ihr habt weiter gehört, daß zu euren Vorfahren gesagt wurde: ‚Lügt nicht und erfüllt dem Herrn eure Gelübde!' ‚Ich aber sage euch:... Sagt ja, wenn ihr ja meint und nein, wenn ihr nein meint. Alles, was darüber hinaus geht, das stammt vom Bösen.“ (Matth. 5,17–28.33.37)

Wie immer ist Jesus – unerträglich! Wir können so nicht leben. Vielleicht ist das ein Hinweis darauf, wie weit wir uns von jener Weisheit entfernt haben, von der Paulus im 2. Kapitel des ersten Korintherbriefes spricht. Es ist eine Weisheit, wie sie nur der Geist lehren kann. Die Meister dieser Welt können diese Weisheit weder lehren noch verstehen. Es ist eine verborgene Weisheit. Gott offenbart sie nur durch seinen Geist, der *„alles erforscht, sogar die Tiefen Gottes.“*
Ich möchte versuchen, eine dieser Tiefen auszuloten. Dabei werde ich einige Gedanken aus *Scott Pecks* Buch *„People of the Lie“ (Leute der Lüge)* mit euch teilen. Dieses „Plagiat“ im Rahmen einer Predigt halte ich in unserer Gemeinschaft für erlaubt. Denn Peck kommt in seinem Buch zu ziemlich genau den Folgerungen, zu denen auch wir als Gemeinschaft gelangt sind. Mit Klarheit und Autorität begründet Peck diese Konsequenzen. Aber sie sind haarsträubend – wie diese Jesusworte aus der Bergpredigt.
Er beginnt sein Buch gleich mit dem Satz: „Dieses Buch ist gefährlich." Ich glaube, er hat recht: es ist gefährlich. Aber es enthält solch erstaunliche geistliche Weisheiten, daß ich hoffe, es kann uns allen auf unserem eigenen geistlichen Weg weiterhelfen.
Vor einiger Zeit hielt ich mit einer kleinen Gemeinschaft von etwa zehn Leuten irgendwo im Land eine Wochenendtagung ab. Ich bat sie, einander ihre Phantasien über sich selbst mitzuteilen,

speziell darüber, wie sie versuchen, die andern Mitglieder der Gemeinschaft zu lieben und ihnen Gutes zu tun. Ich glaube, wir alle haben unsere Phantasien darüber, wie liebevoll wir eigentlich sind. Interessant war, was passierte, als schließlich einer nach dem anderen erzählte, wie er oder sie versuchte, die anderen auf diese oder jene Weise zu lieben und ihnen zu dienen. Man konnte sehen, wie dabei jeweils der Rest der Gruppe mit den Augen rollte: „Das kann doch nicht sein Ernst sein! Wenn er sich nur einmal erleben könnte, wie wir ihn erleben!" Das ist natürlich eine erschreckende Wahrheit: Wir alle leben von unseren Phantasien und Illusionen, oder wie Peck sagt: Wir alle sind auf unsere Weise „Leute der Lüge".

Pecks Ausgangspunkt, den ich für sehr treffend halte, ist der, daß wir einen Menschen nur sehr zögernd „böse" nennen. Denn das klingt wie ein furchtbares, absolutes Urteil, zu dem wir uns in der Regel nicht berechtigt fühlen. Und dennoch läßt sich nicht leugnen, daß es so aussieht, als ob die Welt immer mehr vom Bösen beherrscht wird. Es ist also kaum akzeptabel, Individuen böse zu nennen – und doch drängt sich die Frage auf, woher das überindividuelle, strukturelle Böse eigentlich herkommt, das die Gesellschaft und das Volk Gottes kaputt macht.

Peck wagt es, zu sagen: „Ich bin der Meinung, daß es in dieser Welt tatsächlich viele böse Menschen gibt." Ziel des Buches ist es, das Wesen dieser Bosheit zu beschreiben. Was ist böse? Peck sagt, böse sind nicht in erster Linie Menschen, die wie Teufel aussehen, sozusagen mit Hörnern, Schwanz und Bocksfuß. Im Gegenteil: Das Böse findet nur dann Eingang in unser Leben, wenn es wie etwas anderes aussieht. Niemand tut etwas, was ihm nicht irgendwie „gut" erscheint. Hitler dachte, er tue etwas Gutes. Man pflegt Systeme aufzubauen, in deren Rahmen das, was man tut, gut ist. „Gut ist, was dem Volk nützt", sagten die Nazis. Also war es gut, Juden und Behinderte und andere „Volksfeinde" aus dem Weg zu räumen.

Gerade weil es so ist, daß jeder das tut, was er „gut" findet, sind die Gabe der Geisterunterscheidung, die Beichte, die Versöhnung, die Seelsorge, die Konfrontation und das Aussprechen der Wahrheit so wichtig für ein geistliches Leben. Denn wir alle finden unsere Schleichpfade, Ausreden und Tricks, um unsere Egos und unsere Lebenslügen aufrechtzuerhalten.

Peck sagt, das Böse existiert nicht weit von uns entfernt. Es gibt eine Unmenge böser Menschen. Aber das Böse hat sich maskiert, um gut auszusehen. Die Lieblingsverkleidung des Bösen ist nach Peck *Wohlanständigkeit* und *Ehrbarkeit* – und das klingt genau so wie das, was Jesus im heutigen Evangelium sagt: *„Eure Gerechtigkeit muß die der Pharisäer und Schriftgelehrten übertreffen!“* Das Böse muß nicht teuflisch aussehen – es will ehrbar und anständig wirken. Böse ist nach Peck nicht unbedingt der Gefängnishäftling oder die Frau, die ihren Ehemann gestern erschossen hat. Diese Menschen sind zweifelsohne Opfer des Bösen. Aber das Böse, das heute die Welt bedroht und zerstört, findet sich eher bei der netten Frau von nebenan mit der netten Familie, die man sonntags ab und zu in der Kirche sieht. Oder beim Gemeindediakon – das ist ein Beispiel, das Peck selbst benutzt (Ein Glück, daß es bei uns in New Jerusalem keine Diakone gibt!).

Wodurch werden *sündige* Menschen zu *bösen* Menschen? Denn Sünderinnen und Sünder sind wir alle! Was macht uns *böse?* Peck meint: es ist die Verborgenheit, Hartnäckigkeit und innere Folgerichtigkeit unserer Lügen – nicht ihre „Größe“! Es beginnt zum Beispiel damit, daß man kleine Lügen erzählt. Damit die kleinen Lügen nicht ans Licht kommen, muß die nächste Lüge ein bißchen größer sein, um die erste Lüge nicht auffliegen zu lassen. Um seine Lügen über den Sinn oder Un-Sinn des Lebens aufrechtzuerhalten, heiratet man jemanden, der die gleichen Lügen mitmacht und glaubt. Es ist wie eine unausgesprochene Absprache zwischen beiden, in dieser Ehe miteinander zu lügen, hohl und oberflächlich zu bleiben, die großen Fragen nach Wahrheit und Sinn nicht auf den Tisch zu bringen. Schließlich verkehrt man nur noch mit solchen Leuten, die ebenfalls die gleichen Lügen mitmachen.

Sünde ist nicht schon an sich böse – sie wird es erst dadurch, daß man sich weigert, sie als solche zu erkennen und beim Namen zu nennen. Wir alle sündigen. Aber das schlimme ist unsere Weigerung, das Böse böse zu nennen und die Lügen, mit denen wir leben, aufzudecken.

Ein scheinbar harmloses Beispiel: Leute kommen zu mir in die Seelsorge und jammern: „Ich habe einfach keine Zeit zu beten!“ Das ist eine Lüge! Sie sollten statt dessen sagen: „Ich will nicht beten! Ich habe keinen Bock zu beten!“ Das wäre ehrlich. Denn für das, was wir wollen, haben wir Zeit! Das ist die Art von kleinen, versteckten Lügen, mit denen es beginnt. Das gefährliche an diesen Lügen ist, daß sie akzeptiert werden. Keiner macht dir Vorwürfe, wenn du keine Zeit hast. Im Gegenteil: Das zeigt ja, wie bedeutend und beschäftigt du bist.

Es ist viel schwerer zuzugeben, daß ich keine Lust habe oder daß es mir an Wille und Disziplin fehlt. Was wir wollen, das machen wir auch. Was uns auf den Nägeln brennt, dafür finden wir Zeit! Um dieses Nicht-Eingestehen der Lüge geht es. Es ist nicht so schlimm, daß wir nicht beten. Aber es ist böse, so zu tun, als ob etwas anderes mich von dem abhält, was ich ja „eigentlich" will. Auf diese Weise ist irgend etwas außerhalb von uns schuld – anstatt daß wir unseren „Schatten annehmen", wie *Jung* sagen würde.

Es gibt eine interessante Auslegung für jenen Satz im heutigen Evangelium: *„Einige dich mit deinem Gegner auf dem Weg zum Gericht!"* – eine Auslegung, die sich zugegebenermaßen nicht gleich aufdrängt. Diese Aufforderung läßt sich nämlich auch innerseelisch deuten: Schließe Freundschaft mit deinem Schatten! Dein Gegner ist dein Schatten. Wenn du mit ihm nicht Freundschaft schließt, wenn du das Spiel nicht erkennst, das du mit dir und anderen treibst, wenn du die Lüge selber nicht merkst, die du verbreitest und die Illusionen, mit denen du lebst – dann *„händigt dich dein Gegner dem Richter aus!"* Der Richter ist jene innere Instanz und Stimme, die dich permanent niedermacht und dir immer wieder einhämmert, daß bei dir etwas nicht stimmt und daß du ein Nichts bist. *„Der Richter händigt dich dem Gerichtsdiener aus; der wirft dich ins Gefängnis – und ich sage dir: du kommst nicht wieder heraus, bis du den letzten Pfennig bezahlt hast!"* Es gibt keinen Ausweg aus diesem inneren Lügenspiel, bis wir die Konsequenzen auf Heller und Pfennig bezahlt haben – mit unserem Leben! Unsere Lüge wird uns innerlich foltern und immer tiefer hinunterziehen, die Lüge wird immer dichter und größer – und damit meine ich: immer undurchsichtiger und gleichzeitig hartnäckiger. Je älter wir werden, desto schwieriger wird es, unsere Lebenslügen zu durchschauen. Deswegen ist es gut, früh anzufangen. Wenn man Anfang 20 ist, dann ist es gewissermaßen einfach. Wer aber mit seinen Lügen 40 und 50 geworden ist, für den ist es beinahe unmöglich, den Durchbruch zu schaffen. Solche Menschen sind nahezu unerreichbar. Es ist vielleicht das, was die Bibel „Verstockung“ nennt: Menschen *können* die Wahrheit nicht mehr erkennen. Denn ihr ganzes Weltbild ist um eine einzige große Lüge aufgebaut. Würde man die entlarven, würde alles zusammenbrechen. Solche Menschen können nur noch das zulassen, was ihre Lüge bestätigt.

Unter Lüge verstehe ich all das, was wir über Erfolg, Scheitern, Liebe, Freiheit, Sicherheit, Angst denken. Diese Lügen vermitteln sich ganz subtil an die eigene Seele, die Ehefrau, die Kinder, den Ehemann, die Familie. Gott wirft niemanden in die Hölle. Wir verhärten und verstocken uns selber immer mehr, – das ist die Hölle, – weil wir uns in unserer Lüge eingerichtet haben.

Peck zitiert zu Beginn seines Buches die heilige Teresa vom Kinde, die sagt: *„Wenn du heiter gewillt bist, die Last anzunehmen, dir selbst zu mißfallen, dann wirst du für Jesus ein angenehmer Ruheplatz“*. Genau das werden wir in unserer bürgerlichen Welt niemals tun: wir werden diese Bürde nicht auf uns nehmen, uns selbst zu hinterfragen.

Die meisten von uns wollen ihre Sünde gar nicht loswerden, sondern nur ihre Schuldgefühle. Mit unserer Sünde fühlen wir uns ganz wohl, aber: „Wage es bitte nicht, mir Schuldgefühle zu machen! Ich will mich nicht unzulänglich fühlen! Ich will nicht das Gefühl haben, gescheitert zu sein! Ich will meinen Schatten nicht annehmen! Ich will nicht wissen, daß ich ein gebrochener Mensch mit vielen dunklen Flecken bin! Ich will nicht zugeben, daß ich egoistisch und lüstern bin! Ich nenne es lieber anders.“

Peck meint, dies sei für ihn die beste Definition dafür, was ein Christ ist: Ein Christ ist jemand, der gewillt ist, in gelassener Heiterkeit die Zumutung zu ertragen, sich selbst zu mißfallen. Peck meint, er hätte kaum jemals jemanden getroffen, der das lebt. Niemand will das Kreuz und die Bürde auf sich nehmen, wirklich irdisch und menschlich zu sein. Im Lateinischen hängen *humanus* (menschlich) und *humus* (Erde) ebenso zusammen wie im Hebräischen, wo *Adam*, der Mensch, aus dem Lehm des Mutterbodens, *Adama*, geformt wird. Die einzig wahrhaftige und angemessene Antwort auf die Tatsache, daß wir Menschen sind, kann nur *Demut* sein.

In den letzten Jahren haben wir alles getan, um mit Hilfe von Psycho-Techniken und „Ich bin o. k. – du bist o. k.“ – Büchern das zu beseitigen, was laut Peck am Ende doch ein Segen ist: Gott hat uns mit der Gabe gesegnet, Schuld *fühlen* zu können – um uns vor dem Bösen zu schützen.

Schuldgefühle wegen etwas zu haben, was nicht wirklich böse ist, ist natürlich unnötig und krankhaft. Viele Menschen verschwenden viel Zeit damit, das zu praktizieren. Aber sich nicht schuldig zu fühlen für etwas, was tatsächlich böse ist, ist ebenfalls krankhaft! Das in unserer Gesellschaft auszusprechen, ist sehr unpopulär. *Karl Menninger,* der berühmte Psychotherapeut, hat schon vor etlichen Jahren ein Buch mit dem Titel geschrieben *„What Ever Happened to Sin?"* („Was ist bloß mit der Sünde passiert?"). Das Konzept der Sünde ist nicht mehr en vogue. Wenn wir aber das Evangelium lesen – zum Beispiel den heutigen Evangeliumstext – dann begegnet uns dort die Behauptung, daß es so etwas wie das Böse tatsächlich gibt. Es gibt die Sünde: ein Verhalten, das objektiv zerstörerisch, wertlos, lebensfeindlich ist.

Ich mußte vielleicht erst 40 werden, um aus eigener Erfahrung bestätigen zu können, was *C. S. Lewis* sagt: das Böse ist in Wirklichkeit *„langweilig, unfruchtbar, farblos und flach"*. Je mehr ich das Wesen des Bösen erkenne, desto mehr merke ich, daß es wirklich keine Lebensenergie in sich hat, daß es nach einer gewissen Zeit sterbenslangweilig wird. Ein Mensch echter Tugend dagegen, also ein Mensch, der Opfer bringt, Entscheidungen fällt, um wahre Freiheit kämpft und nicht um billige Freiheiten – der erlebt, wie er immer tiefer in einen Raum innerer Vitalität vorstößt.

Viele Mitglieder unserer Gemeinschaft kämpfen damit, daß sie so unmotiviert sind. Es mangelt ihnen an Willenskraft und an der Fähigkeit, wirklich etwas durchzuziehen. Wir reden furchtbar viel. Aber wenn es um Entscheidungen, Aktionen und Durchhaltevermögen geht, dann sind wir nicht so gut. Deswegen müssen wir uns fragen, deswegen muß ich mich fragen, wenn ich das predige: In welchem Maße sind auch wir Leute der Lüge? Sollte jemand hier sein, der meint, bei ihm oder ihr gäbe es keine Lügen – dann gilt diese Predigt gerade ihm oder ihr. Wir alle sind gemeint, wir alle lügen, wir alle halten Illusionen aufrecht und pflegen unser dickes Ego. Denn das Ego gibt nicht so leicht auf. Das Ego stirbt nicht so schnell.

Wir tun uns schwer, auf die Stimme der Selbstanklage zu hören, die uns sagt, daß wir unvollkommen sind. Wir werden böse, indem wir versuchen, uns vor uns selbst zu verstecken. Das Böse entspringt dem Versuch, Schuldgefühle zu vermeiden. Und so werden wir zu Pharisäern.

Äußerlichkeiten werden immer wichtiger, bestimmte Rituale und Gesetze. Wahrt den Schein! Denn *Ehrbarkeit* ist gefragt, *Anständigkeit* scheint der Ausweg zu sein. Scheinen statt sein! Hauptsache, es sieht so aus, als täten wir Gutes! Das ist das Hauptanliegen böser Menschen. Sie wollen sich dem Schmerz ihres Gewissens nicht stellen. Deswegen versuchen sie mit allen Mitteln, anders auszusehen als sie wirklich sind.

Mit den *„Armen im Geist"*, die Jesus in der Bergpredigt seligpreist, sind die gemeint, die dieses Spiel nicht mehr betreiben, die aufgehört haben, die Lüge zu leben. Peck betont immer wieder: Das Hauptmotiv des Bösen besteht in seiner Verstellung und Verkleidung. Paulus schreibt dasselbe in 2. Kor. 11,14: *„Der Satan verstellt sich als ein Engel des Lichts."*

Der Teufel muß wie ein Engel aussehen, damit er uns dazu bewegen kann, mit ihm zu kooperieren. Peck sagt: Weil das Hauptanliegen des Bösen die Verkleidung ist, deshalb findet man böse Menschen in besonders großer Anzahl – *in der Kirche!* Das sitzt, oder? Böse Menschen scheinen einen Hang zur Religiosität zu haben, weil sie ein hervorragendes Versteck ist. Christlich zu sein und zur Kirche zu gehen, das ist immer noch eine der besten Tarnungen. Die Bibel zu lesen, den Namen Jesus ständig im Munde zu führen, jeden Tag zur Messe zu rennen – das ist die fast perfekte Verkleidung. Ich habe immer wieder mit Pfarrern geredet, die darüber geklagt haben, daß einige der engstirnigsten und bigottesten Leute in ihrer Pfarrei jeden Tag zur Messe kommen.

Ein Indiz für das Böse ist, wenn man einem Menschen begegnet, bei dem man das Gefühl hat: „Es hat absolut keinen Sinn, mit dieser Frau zu reden. Man erreicht sie einfach nicht." Böse Menschen haben ihre absolut unverrückbaren Meinungen über alles und jedes. Es ist ein geschlossenes System, das die Lüge schützt. Nur jene Daten werden zugelassen, die die bereits vorhandenen und verfestigten Illusionen bestätigen.

C. G. Jung meint, die meisten Neurosen entspringen der Weigerung, notwendiges Leiden auf sich zu nehmen. Das schlimme dabei ist, daß der Neurotiker sich selbst und seiner gesamten Umgebung ein Vielfaches an unnötigem Leiden zufügt. Wenn wir unseren Illusionen und Spielen ins Auge sehen, können wir auch mit dem Schmerz konstruktiv umgehen, der damit verbunden ist. Der gekreuzigte Jesus erinnert uns daran, daß einer der besten Maßstäbe für die Größe eines Menschen seine Fähigkeit zu echtem Leiden ist. Das ist die Fähigkeit, der Realität ins Gesicht zu sehen, sie auszuhalten, sie anzunehmen, sie beim Namen zu nennen, sie zuzulassen – anstatt sie zu leugnen.

Das Böse ist nach Peck immer charakterisiert durch einen ungebundenen Willen. Die Frage lautet: Wo ist mein Wille verankert? Die Heiligen sind diejenigen, die ihren Willen ganz an das Wohl anderer Menschen gebunden haben. Deshalb, denke ich, beruft Gott die meisten von uns zur Ehe. Ich glaube, deshalb bringt Gott Kinder in das Leben der meisten von uns. Und deshalb ist der Zölibat eine sehr, sehr gefährliche Berufung. Denn wir Ehelosen können all die Illusionen aufrechterhalten, daß wir uns ganz an Gott gebunden haben – aber in Wirklichkeit binden wir uns an niemanden! Wenn der Wille nicht irgendwo außerhalb meiner selbst gebunden ist, wo andere ein Recht auf mein Leben haben, bleibt das Ego höchstwahrscheinlich am Ruder. Und es wird alle möglichen Tricks anwenden, um am Ruder zu bleiben. Deshalb war Gehorsam im Ordensleben immer eines der drei Haupt-Gelübde. „Wem bist du gehorsam? Hast du die Freiheit, gehorsam zu sein und dich irgendwo unterzuordnen, auf den Willen eines anderen zu hören – und nicht nur auf deine eigene Stimme?“ Das Ego wird es immer wieder schaffen, alles zu verwässern, zu verdrehen, zurechtzurücken, bis es den eigenen Bedürfnissen entspricht. Deshalb brauchen wir sowohl Urteilsfähigkeit als auch Gehorsam. Wer immer nur selbst entscheidet und urteilt und niemals im Leben Gehorsam wagt, steht in der großen Gefahr, immer genau das herauszufinden, was er oder sie sowieso schon immer wollte. Man hätte schon anhand ihres Temperaments voraussehen und voraussagen können, wie sie sich wahrscheinlich entscheiden.

Wir brauchen um unseres eignen Wachstums willen beides, um herauszufinden, ob mein Wille wirklich bindungsfähig ist – oder ob ich in Wirklichkeit nichts loslassen kann und mich für den

Nabel der Welt halte. Können wir uns wirklich unter die Bedürfnisse und den Willen eines anderen stellen? Wenn wir uns selbst auf Gedeih und Verderb ausgeliefert bleiben, müssen wir geradezu böse werden.
Deshalb ruft uns Gott zur Gemeinschaft, zur Familie, zu diesen Beziehungen, zu Kindern – die alle die Hingabe unseres Herzens fordern, so daß sich auf Dauer die Lüge nicht halten läßt.
Unsere erste Schriftlesung aus dem Buch Sirach sagt uns, daß Gott keinem von uns die Kraft zur Lüge gibt. Er ruft uns vielmehr zur Entscheidung. Er stellt uns vor die Wahl zwischen *„Feuer und Wasser, Tod und Leben"*. Es gibt Wahlmöglichkeiten. Und wir müssen wissen, wozu wir uns entscheiden – und unseren Entscheidungen treu bleiben. In dieselbe Kerbe schlägt die letzte Zeile des Evangeliums: *„Sagt ja, wenn ihr ja meint und nein, wenn ihr nein meint. Alles, was darüber hinausgeht, das stammt vom Bösen."* Das ist hart! Vielleicht ruft es uns aber zu einer neuen Offenheit für die Wahrheit – zuerst uns selbst gegenüber. Meinen wir doch endlich, was wir sagen, anstatt unsere Motive ständig vor uns selbst zu verstecken – aber auch voreinander. Wenn wir zu faul sind, um zum Gottesdienst zu kommen, dann laßt uns sagen: „Ich bin zu faul, um zum Gottesdienst zu kommen." Aber hören wir endlich auf zu sagen: „Ich habe keine Zeit."
Wir beginnen immer mehr, den Zusammenhang zwischen individueller Sünde und dem strukturellen Bösen zu sehen, wie es sich zum Beispiel in Gesellschafts- und Wirtschaftsordnungen manifestiert. Unser Kampf gegen das kollektive Böse beginnt bei uns selbst, indem wir unsere eigenen Projektionen zurücknehmen. „*Ich* bin hohl, oberflächlich und unecht, *ich* bin ein Kriegstreiber, *ich* habe Angst, *ich* bin aggressiv."
Ist es nicht genau das, was Jesus vom ersten Tag an gepredigt hat? *„Kehrt um! Kehrt um und glaubt die gute Nachricht!"* Wenn wir umkehren, dann ist das erste, was wir von der guten Nachricht sehen und hören, Jesus, der vor uns steht und sagt: „Ich verstehe dich! Ich weiß, daß du in dieses Spiel verstrickt bist. Hauptsache, daß du weißt, es ist ein Spiel. Hauptsache, du nimmst dein Spiel nicht zu ernst. Hauptsache, du läßt nicht zu, daß dein Spiel deine eigene tiefste Wahrheit und deine Frau und deine Kinder zerstört. Nenn es beim Namen, dieses Spiel. Und dann können wir damit was machen!"

Wenn Leute in meine Seelsorge kommen und zugeben, daß sie keine Lust haben, zum Gottesdienst zu gehen oder zu beten, dann können wir vernünftig miteinander reden, dann können wir uns auf einen Weg machen. Ich glaube, so möchte Gott mit uns umgehen. Er weiß ja, daß wir unvollkommen und schwach sind. Das ist unsere Freiheit. Und wenn das keine gute Nachricht ist, dann weiß ich nicht, welche Nachricht gut genannt werden soll. Das, was ich gesagt habe, soll nicht dazu führen, daß ihr tief in euch rumbohrt, ob ihr wirklich Lügner seid. Ich nehme euch den ersten Schritt gleich ab: Ihr seid es. Ich bin es. Ihr braucht gar nicht erst zu suchen. Die gute Nachricht besteht darin, daß Gott sagt: „Ich weiß es, und ich will damit was machen. Aber gebt mir als Grundlage bitte die Wahrheit. Da können wir ansetzen. Von da aus kommen wir gemeinsam weiter."
Deshalb kann Gott nur aus den *Armen* Heilige machen. Gott kann nur demütige Menschen zu Heiligen machen, Menschen, deren Wille sich gebunden hat, die Gehorsam gelernt haben, die bereit sind, ihr Ego zu reduzieren – bis sie zu der Wahrheit kommen, in der Gott in Fülle lebt.

Zum Weiterlesen:

Peck, Scott M.: Der wunderbare Weg. Eine neue Psychologie der Liebe und des spirituellen Wachstums. München, Bertelsmann Verlag, 1986.

DIE WIEDERHERSTELLUNG DER GOTTES-EBENBILDLICHKEIT

Zum 14. Geburtstag von New Jerusalem

Gott spricht durch den Propheten Nathan zu David:
„Wenn nun deine Zeit vorüber ist und du dich bei deinen Vätern zur Ruhe legst, will ich dir einen leiblichen Nachkommen erwecken, dessen Königtum ich bestätigen will ... Ich will sein Vater sein und er soll mein Sohn sein. Und wenn er sündigt, dann will ich ihn mit menschlichen Ruten und Schlägen strafen."
*Da setzte sich der König David vor Jahwe nieder und sprach: „Wer bin ich, Herr Jahwe, und was ist mein Haus, daß du mich bis hierher gebracht hast? Nun aber hast du selbst das noch für zu wenig gehalten und dem Haus deines Knechtes sogar Zusagen für die ferne Zukunft gegeben. Aber was soll David noch mehr reden mit dir? Du kennst ihn ja, deinen Knecht, Herr Jahwe! Um deines Wortes willen und nach deinem großen Herzen hast du all diese großen Dinge getan, um sie deinem Knecht kundzutun. Du bist groß, Herr Jahwe! Keiner ist wie du, und es gibt keinen Gott außer dir nach allem, was wir mit eigenen Ohren gehört haben. Denn wo auf Erden ist ein Volk wie dein Volk Israel, um dessentwillen Gott hingegangen ist, es zu erlösen, damit es sein Volk sei? Und um ihm einen Namen zu machen und so große und furchtbare Dinge zu tun, um Völker und ihre Götter zu vertreiben vor deinem Volk, das du dir aus Ägypten erlöst hast? Du hast dein Volk Israel auf ewig zu deinem Volk gemacht, und du, Jahwe, bist sein Gott geworden. So bestätige nun, Jahwe Gott, das Wort in Ewigkeit, das du über deinen Knecht und sein Haus gesagt hast und tu, wie du geredet hast! So wird dein Name groß werden in Ewigkeit, so daß man sagen wird: Jahwe Zebaoth ist Gott über Israel! Das Haus deines Knechtes wird Bestand haben vor dir!" (*2. Samuel 7,12.14.18–26)
In den ersten goldenen Tagen unseres Lebens, damals in der Villa, wo wir uns ständig trafen, um miteinander zu feiern, zu reden, zu beten und zu träumen, damals, als wir noch keine Ahnung davon hatten, daß wir mehr sein könnten als eine begeisterte und gesegnete Jugendgruppe, machte Gott auch uns so ähnliche Verheißungen – oder sollte ich lieber sagen: Wir nahmen ihm damals solche Versprechen ab? Jedenfalls hatten wir zu dieser Zeit noch keinen Anlaß zu glauben, daß so etwas

wie eine „Kommunität“ entstehen würde. So etwas erwarteten, ja kannten wir überhaupt nicht. Wir waren ganz aufs Jetzt und auf Gott „abgefahren“, hatten über so ziemlich alles gute Gefühle und von so ziemlich nichts eine Ahnung. Aber wir glaubten an Verheißungen. Wir nahmen das Wort Gottes beim Wort, so, als wäre es direkt an uns adressiert. Wir waren Gottes besondere Lieblinge – ähnlich wie David und Israel! Warum sollte Gott nicht auch uns „ein Haus bauen“? Wie David wußten auch wir, daß Gott natürlich nicht von einem physischen Haus oder Tempel redete. Gott wollte aus uns etwas machen – *Ein Volk!* Gott wollte uns eine Geschichte geben, einen Namen, eine Gegenwart, an die wir glauben und eine Zukunft, auf die wir hoffen konnten. Die Liebe unter uns, die sich so gut anfühlte, würde ewig währen! Wie es im ersten Liebesrausch üblich ist, waren wir felsenfest davon überzeugt, daß diese Liebe niemals aufhören könnte. Weshalb? Weil wir – wie alle guten Christen – zu Beginn erst einmal das Grundlegendste entdeckten: „Gott hat gesprochen. Wir haben geglaubt. Damit ist der Fall klar.“

Ja, wir haben damals Gott und einander naiv vertraut. Das war ein guter Anfang, der beste Anfang, ich nehme an: der einzig mögliche Anfang. Und wir glaubten, daß diesmal und bei uns alles ganz anders laufen würde als bisher in der Kirche. Es sollte nicht wieder die sattsam bekannte Erweckungs-Geschichte werden. Gott wollte nicht noch so eine überspannte fromme Gruppe nach dem landläufigen Muster produzieren. Wir hatten das Versprechen, daß Gott aus uns ein *Volk für diese unsere Zeit und für diesen unseren Ort* machen wollte, etwas ganz Neues und Originelles. Gott fährt nicht auf Ziegel und Mörtel ab. Das wußten wir – wie einst David. Gott fährt nicht auf Monumente und Museen ab. Davon gab es schon genug. Jetzt wollte Gott eine neue Art von Gemeinschaft. Unsere geistliche Arroganz – oder war es Genialität? – ließ uns annehmen, daß wir die Leute waren, die Gott meinte! Wir waren das Volk, *„um dessentwillen Gott hingegangen ist, es zu erlösen“*, wie es in unserem Predigttext heißt. Wir sollten erneuert werden und wußten, es gibt *„kein Volk auf Erden wie dein Volk“* – New Jerusalem! *„Wer bin ich, Herr Jahwe, und was ist mein Haus, daß du mich bis hierher geführt hast? Nun aber hast du selbst das noch für zu wenig gehalten und dem Haus deines Knechtes sogar Zusagen für die ferne Zukunft gegeben!“*

Hier stehen wir also – dieselben Leute, dieselbe Geschichte, derselbe Gott mit seinen Verheißungen – dieser selbe Liebende! – nach vierzehn Jahren. Alles ist dasselbe geblieben. Nur eines könnte sich – außer der Zeit – verändert haben. Darüber müssen wir an dieser Station unseres Weges heute reden. Wir müssen über unseren *Glauben* reden. Wir müssen über unsere *Hoffnung* reden. Und vor allem müssen wir über unsere *Liebe* reden. *„Denn es bleibt nur dreierlei: Glaube, Hoffnung, Liebe; aber die Liebe ist die größte unter ihnen... Als wir Kinder waren, redeten, dachten und argumentierten wir wie Kinder. Aber jetzt sind wir erwachsen geworden* (zumindest ein vierzehnjähriger Teenager!) *und haben alles, was kindisch war, abgelegt"* (1. Kor. 13,13.11). Noch genauer: An dieser Weg-Station, an der wir heute angelangt sind, müssen wir darüber reden, was Glaube *jetzt* heißt, was Hoffnung *jetzt* heißt, und vor allem: was Liebe *jetzt* heißt. Wir sind eine erwachsene Gemeinde geworden, bereit, uns mit reifem Christsein zu befassen.

Jene Liebe, zu der uns Jesus damals so schnell und locker eingeladen hat, macht uns jetzt schmerzlich zu schaffen. Unsere Verbundenheit miteinander, das Evangelium, das uns verkündigt wird, die Sakramente, von denen wir uns tragen und definieren ließen, erscheinen uns heute bestenfalls als ein Mischmasch von Segen und Fluch. Diese Liebe fühlt sich kaum noch an, als würden wir „Liebe machen"; eher so, als müßten wir einen Haufen angeschlagener Knochen immer wieder zusammenflicken. Die Brüche und Heilungen, die Risse und Reibereien, die Irrungen und Wirrungen, das Auf und Ab – all das hätten wir nicht erwartet.

Ja, wir sind ein angeknackster, gebrochener und gebrechlicher Leib. Gott selber ist es, der diese Knochen zerschlägt und wieder zusammenfügt, damit wir gemeinsam *„eine einzige geistliche Person werden"* können (Eph. 2,15). Oder, um das herbe Bild aus Johannes 15 zu zitieren: *„Jede Rebe an mir, die keine Frucht bringt, wird Gott abschneiden. Aber jede, die Frucht bringt, wird er veredeln, damit sie noch mehr Frucht bringen kann"* (Joh. 15,2). Auch das hätten wir nicht erwartet. Unser Gefühl sträubt sich dagegen. Es ist, als ob sich auch unsere Sprache verändert hätte und unsere Worte eine neue Bedeutung bekommen haben: Liebe ist jetzt Schmerz, Hoffnung hat immer nur mit der Zukunft zu tun, und der Glaube

ist kein Besitz mehr, sondern allzuoft nackt und blind, geradezu ein Nichts. Und wer schon will aus dem Nichts leben?
Unser Wissen von Gott können wir nicht mehr beweisen, umsetzen, erklären oder rechtfertigen – meist nicht einmal vor uns selbst, und oft auch nicht vor unseren Brüdern und Schwestern, die mit uns auf demselben Weg sind. Unsere jetzige Gottes-Erkenntnis und Gottes-Energie riskiert es, mißverstanden zu werden (was auch Gott riskiert!), fehlinterpretiert zu werden (womit sich auch Gott herumschlagen muß!), nicht beachtet zu werden (dies Gefühl hat auch Gott!). Im Glauben – also mit Gott – zu leben, bedeutet jetzt: sich wie ein Nichts zu fühlen und wie ein Nichts auszusehen. Das Nichts aber kann man nicht besitzen, therapieren, beherrschen, entwickeln, verkaufen, kaufen, messen, verdienen, belohnen oder auch nur angemessen vermitteln. Glaube liegt letztlich jenseits der Welt der Macht, der Funktionen und der Zwecke. Ich muß das sagen, oder ich würde die gesamte Geschichte des Glaubens von *Abraham* über *Jesus* und *Franz von Assisi* bis hin zu *Donny Flowers* und zu *Erwin Wolke* in New Jerusalem leugnen: Glaube liegt jenseits des Vernünftigen und Objektivierbaren. Es gibt auch keine Gemeindestruktur und kein Gemeinde-Aufbau-Programm, sei es auch noch so ausgeklügelt und durchdacht, das den biblischen Glauben unnötig macht. *Der Glaube ist der Glaube ist der Glaube!* Gott wird nur im Glauben erkannt (Röm. 3–5!). Ich frage mich, warum religiöse Menschen das so oft vergessen.
Glaube bedeutet letztlich, im Nichts zu stehen, nichts zu beweisen und nichts zu verteidigen. Es zeigt sich in einer ständig lebendigen Liebe, die uns dazu drängt, uns hinzugeben, loszulassen, zu vergeben, durchzuhalten, nicht beleidigt zu sein, einander zu vertrauen, uns selbst zu verlieren – ohne je sicher zu sein, daß wir uns wieder finden. Glaube fühlt sich stets an – wie nichts. Das ist wohl der Grund, weshalb ein konsumorientiertes, funktional und materialistisch ausgerichtetes Zeitalter den Glauben für beinahe unmöglich hält. Religion wollen wir schon. Aber Glauben? Wenn der Glaube ein Nichts ist, dann ist der oder die Glaubende ein Niemand. Außerdem leben wir in einer Kultur, in der Vertrauen Naivität genannt wird und Vergebung so aussieht, als sei man dem Feind gegenüber zu weich und nachgiebig. Selbst mit der Wahrheit kann man zumindest politisch nicht

mehr auf Stimmenfang gehen. Glaube gilt nichts in diesem Zeitalter und in dieser Kultur – wie wohl in jeder Zeit und jeder Kultur.

Ich bin überzeugt, daß die meisten von denen, die wir heute, die „Heiligen" nennen, in Wirklichkeit religiöse Aussteiger waren, die einer Gesellschaft, die ziellos geworden war, den Rücken kehrten.

Gottvertrauen, das hieß für sie auszusteigen und an etwas ganz anderes zu glauben als die Mehrheit. Jesu Verkündigung des Reiches Gottes sagt uns, daß der Zug der Zeit mit voller Fahrt ins Nichts und in die Selbst-Zerstörung rast. Er sagt uns aber auch, daß wir an der nächsten Station aussteigen können, um unser Leben wieder mit der Wahrheit in Einklang zu bringen. Dabei müssen wir allerdings das völlig falsche Selbstverständnis aufgeben, das uns unsere Gesellschaft anerzogen hat. Diese Befreiung scheint aus irgendeinem Grund das Schwierigste von der Welt zu sein! Aber – und das ist mein wichtigster Punkt – Gott zu finden und sich selbst zu verlieren, das ist ein und dasselbe. Und deswegen ist der Glaube von Haus aus nicht unsere Sache. Er ergibt sich nicht einfach natürlich. Wir können uns auch nicht dafür entscheiden. Der Glaube ist immer Gottes Sache. Es ist die einzige Möglichkeit, wie Gott uns einen neuen Blickpunkt schenken kann, von dem aus wir fähig sind, jenes Leben zu sehen, das größer als das Leben ist. Das führt uns zur Liebe.

Über die Liebe zu reden, bedeutet über das zu reden, was *Plato* „heiligen Wahnsinn" nennt. *C. G. Jung* weigerte sich, die Liebe in seine klassischen Kategorien von Archetypen, Funktionen und Komplexen aufzunehmen. Sie entzieht sich letztlich der psychologischen Beschreibung. Vielleicht grassieren deshalb bei uns so viele falsche Vorstellungen von der Liebe. Vielleicht hat Jesus aus diesem Grund die Liebe niemals definiert, sondern schlicht und einfach geboten. Du mußt lieben! Du mußt in jenes unaussprechliche Geheimnis eindringen, wenn du Gott und dich selbst erkennen willst!

Ich möchte mich diesem Mysterium der Liebe heute einmal von einer neuen Seite nähern. Vielleicht könnten wir einen Augenblick lang alles vergessen, was wir unter Liebe verstehen. Um uns diesem heiligen Wahnsinn zu nähern, möchte ich zwei Bilder benutzen: den *Spiegel* und die *Maske*.

Zunächst gleicht die Liebe einem Spiegel: Der Spiegel, sagen die Zen-Meister, hat kein Ich und kein Gedächtnis. Kommt ein Gesicht vor den Spiegel, reflektiert er das Gesicht. Steht ein Tisch davor, zeigt er den Tisch. Er zeigt, daß ein krummer Gegenstand krumm ist und ein gerader Gegenstand gerade. Alles wird so offenbar, wie es nun einmal ist. Der Spiegel urteilt nicht, er hat keine eigenen Interessen. Kommt etwas vor den Spiegel, so läßt er es kommen. Bewegt es sich weiter, so läßt er es gehen. *Der Spiegel ist selbst leer und deshalb fähig, den oder das andere zu empfangen.* Er stellt keine Bedingungen, wer oder was kommen darf und akzeptiert wird. Er reflektiert einfach, was da ist – nicht weniger und nicht mehr. Insofern ist der Spiegel der vollkommen Liebende und der perfekte Kontemplative. Er richtet nicht, er urteilt nicht, er handelt nicht. Das erinnert an den Rat des Philosophen *Wittgenstein:* „Nicht denken, sehen!"
Wenn wir sehen wollen, wie Gott sieht, so müssen wir zunächst wie Spiegel sein. Wir müssen nichts sein, damit wir etwas empfangen können. Das ist wahrscheinlich der einzige Weg, auf dem es jemals zu wirklicher Liebe kommen kann. Zu lieben, das verlangt eine ziemlich vollständige Umwandlung des Bewußtseins. Diese Transformation war das Ziel aller Religionsstifter, Heiligen, Mystiker und Gurus, seit Liebe überhaupt ein Thema ist. Diese Bewußtseinsveränderung besteht darin, daß wir von uns selbst befreit werden müssen. Wir müssen erlöst werden von der Tyrannei unserer Urteile, Meinungen und Emotionen über alles und jedes, jener *„zügellosen Rotten von Gefühlen"*, die *T. S. Eliot* in seiner Dichtung kritisiert. Wir müssen damit aufhören, jenen falschen *Subjekten* zu glauben, die wir sind und deren Art es ist, alles andere und alle anderen in der Welt zum *Objekt* zu machen – einschließlich Gott und unserer eigenen Seele (Das ist wahrscheinlich auch der Grund, weshalb sich die meisten Menschen des Westens selbst hassen. Sie hassen ihre Seele, die sie als Objekt betrachten, das man zerlegen, verurteilen oder perfektionieren kann).
Der jüdische Gelehrte *Martin Buber* sagte schon in der ersten Hälfte dieses Jahrhunderts, daß wir mit der gesamten Wirklichkeit Ich-Es-Beziehungen aufgenommen haben, während wir zur Ich-Du-Beziehung geschaffen sind. Die Ich-Du-Beziehung ist eine Grundhaltung von Ehrfurcht und Gegenseitigkeit, aus der

heraus wir Menschen, Dingen und Ereignissen von Subjekt zu Subjekt begegnen. Wir erkennen nur, indem wir uns zugleich zu erkennen geben. Wir sind wirklich Gebende nur da, wo wir auch Empfangende sein können, Nehmende nur da, wo wir auch zur Hingabe fähig sind. Deshalb hat die franziskanische Theologie die Erkenntnis immer der Liebe untergeordnet. Wir leben aber heute in einem Zeitalter, das sich damit begnügt, aus reiner Neugierde oder um der Ausübung von Macht willen nach Wissen und Erkenntnis zu streben. Wissen ist zum Dämon geworden in der Hand von Menschen ohne Weisheit, Barmherzigkeit oder Unterscheidungsvermögen.

Wir machen aus allem Objekte und verstehen deshalb nichts. Wir haben verlernt, was Erkenntnis überhaupt ist, weil wir nicht mehr zulassen, von Gott erkannt zu werden, *„von Angesicht zu Angesicht... erkennend, wie ich selbst erkannt bin"* (1. Kor. 13,12). In Gott ist unser Selbst nicht mehr seine eigene Mitte. Es ist auf Gott bezogen. Auf diese Weise kann das falsche Ich verwandelt werden. Das selbst-zentrierte und selbst-genügsame Ich muß sterben, damit an seiner Stelle ein neues, befreites Ich aufersteht, das nun im Gottesgeist lebt, liebt und handelt. Menschen, die das zulassen, verdienen es, „spirituell" genannt zu werden. Jetzt verstehen wir vielleicht ein bißchen mehr, weshalb die Heiligen ausnahmslos Selbst-Verleugnung, Abtötung, Opfer, Demut und Fasten praktizierten und sogar um die Erfahrung beteten, zu scheitern oder abgelehnt zu werden. Nichts, schon gar nicht momentane und vorübergehende Launen, Gefühle und Bedürfnisse, konnten sie davon abbringen, ganz vom Zentrum her zu leben. Ihre Art von Selbst-Verneinung forderte das falsche Selbst permanent heraus. Denn Gott zu finden und dieses falsche Selbst zu verlieren, das ist eins. Schließlich waren sie „Nichtse", *„mit Christus in Gott verborgen"* (Kol. 3,3). Endlich glichen sie Spiegeln, die leer waren und dadurch fähig, die Wahrheit zu empfangen. Das führt uns zum Bild der *Maske*. Das lateinische Wort dafür ist *persona;* unser Begriff „Person" kommt davon. Das mag ein Hinweis darauf sein, daß jedes Individuum eine Art Maske einer größeren Wirklichkeit ist.

Ursprünglich bezog sich das Wort auf jene Theater-Masken, durch die die griechischen Schauspieler hindurchsprachen (*personare* heißt *hindurch-tönen*), um ihre Stimme zu verstärken. Christliche Philosophen und Theologen benutzten das Wort, um das Individuum von der Gruppe zu unterscheiden. Jede Person wurde als eine „Maske Gottes“ verstanden. Jede Person war ein Atemzug und eine Stimme durch die Maske hindurch, ein Bild für eine umfassendere Wahrheit.

Ich kann mein eigenes Person-Sein nur in der Achtung der Ich-Du-Beziehung erkennen, die mir letztlich nur Gott selbst erschließen kann: Subjekt zu Subjekt, Blick zu Blick, Barmherzigkeit, die sich weigert, den anderen zu richten oder herabzuwürdigen. Ohne Gott zu kennen, zu lieben und zu dienen, kann ich niemals eine wirkliche Person werden. Das ist die grundlegende Wahrheit, die schon in der ersten Frage in unserem altmodischen katholischen Katechismus vor dem Konzil ausgesprochen wurde.

Mein Personsein steht in direkter Verbindung zum göttlichen Personsein. Im ersten Kapitel der Bibel heißt es, daß ich nach demselben *Bild* erschaffen bin wie Gott. Mein „Ich bin“ ist Ausdruck und Atemzug jenes ewigen und vollkommenen „Ich bin“ des Schöpfers. Alle Liebe und alle Kontemplation ist ein Leben aus diesem *Sein* heraus, ein Sein, das allem Tun vorausgeht und es zur Erfüllung bringt. Ich bin geliebt, oder – besser noch – *ich bin Liebe,* bevor ich irgend etwas *Richtiges* oder *Falsches, Würdiges* oder *Unwürdiges, Gutes* oder *Schlechtes* tue. Philosophisch ausgedrückt: Die Ontologie (Lehre vom Sein) kommt vor der Moral. Unglücklicherweise hat das institutionalisierte Christentum alles Gewicht auf moralische Forderungen gelegt und gerade dadurch die eigentliche Kraft und die Grundlage echter Moral verloren! Liebe bedeutet einfach: zu sein, was wir in Christus sind! Liebe ist unsere objektive Identität als Söhne und Töchter Gottes. Gott hat in Christus menschliches Fleisch angenommen, um uns diese Identität zu lehren. Die Taufe ist das Symbol und Sakrament der Verwandlung zu dieser ursprünglichen, fleischgewordenen Wahrheit.

Heiligkeit ist nichts anderes, als die Wahrheit in der Liebe zu tun (Eph. 4,15). Wenn wir zu unseren Fundamenten zurück wollen, dann müssen wir lernen, als erwachsene Christen zu existieren, die aus dem heraus leben, glauben und handeln, was sie in Christus bereits sind. Sünde bedeutet, aus etwas anderem zu leben: aus dem falschen Selbst.

Dieses wahre oder transzendente Selbst erwacht, wenn uns die Liebe über unsere falsche Selbst-Bezogenheit hinausführt und unser Innerstes neu begründet. Liebesfähig zu werden bedeutet vielleicht weniger zu wachsen, als vielmehr aufzunehmen. Gott finden und sich selbst verlieren, das ist eins. Denn wir leben, wie Johannes sagt, *„Er in uns und wir in ihm"* (Joh. 17,22). Die Religion des Westens hat immer die Tendenz gehabt, Gott abzuspalten und zu objektivieren – wie alles andere! Das hat für das Christentum, für das Gebet und für die einfältige Gottesliebe verheerende Folgen gehabt.
Ich will mit all dem sagen, daß wir falsch, sehr falsch liegen! Die Bibel nennt es Sünde, die Psychologie spricht vom inflationären Ego, die Philosophie formuliert es als Dualismus oder auch als Individualismus. *Thomas Merton* redet vom falschen Leben des unechten Selbst. So unglaublich es klingt: die meisten von uns führen ihr gesamtes Leben auf diese Weise! Kein Wunder, daß wir dem Evangelium nicht gehorsam sein und es nicht leben können. Kein Wunder, daß die Liebe ein Ding der Unmöglichkeit geworden ist. Eine Fiktion, eine Illusion, eine Lüge versucht, in die Liebe einzudringen und sich als „Moral" zu verkaufen.
Deshalb müssen wir zum Zentrum zurückkehren, wo wir erkennen, daß wir nur eine Maske, ein Fragment, ein – unglaublich gesegneter! – Teil des Ganzen sind. Es ist besser, ein wahrhaftiges Fragment zu sein als ein unechtes „Ganzes". Aus dieser echten Identität heraus wird Liebe wieder möglich. Zu dem zurückzukehren, was wir wirklich sind, ist eigentlich keine Zumutung, zumal, wenn wir bedenken, daß das die einzige Befreiung ist, die letztlich zählt. Wir können zunächst einmal gar nichts tun. Was immer wir in unserem Dienst oder in der Gemeinschaft tun, wird nur so weit Frucht bringen, wie wir aus der Wahrheit des Ganzen heraus leben und handeln. Radikale Einheit ergibt sich schließlich als tiefste Ebene von Verbundenheit mit allen anderen Personen, Ereignissen und Dingen. Heute nennen wir dieses Ereignis *Solidarität* oder *Sympathie* im Sinne von Mit-Leiden.
Die Liebe ist das einzige, was sich selbst genug ist. Sie ist ihr eigenes Ziel, ihr eigener Lohn, ihre eigene Befriedigung. Sie sucht keine Ursache über sich selbst hinaus und bedarf keiner Furcht außerhalb ihrer selbst. Ich liebe, weil ich liebe. Das ist meine tiefste Identität, in der und für die ich geschaffen bin. Menschen

„in Gott" zu lieben, bedeutet, sie um ihrer selbst willen zu lieben – und nicht für das, was sie für mich tun können oder um durch sie psychisch heiler zu werden oder weiterzukommen. Unser transzendentes Bewußtsein sieht eine andere Person als ein anderes Selbst, als jemanden, der oder die von Christus ebenso geliebt wird wie ich – und nicht als Objekt, das ich gnädigerweise mit meinen christlichen Wohltaten beglücke. Wenn ich noch nicht geliebt habe oder wenn mich die Liebe auslaugt, dann rührt das zum Teil daher, daß ich andere Menschen noch immer als Aufgabe, Verpflichtung oder Bedrohung sehe, anstatt als Spiegel und Ausdruck meines eigenen Leidens und meiner eigenen Einsamkeit. Sind wir nicht letztlich alle Ausdruck und Teilhaber des Leidens und der Einsamkeit Gottes?
Wenn ich in der Wahrheit lebe, daß ich Liebe bin, anstatt aus der Lüge und dem menschlichen Gefühl der Angst heraus, dann beginne ich endlich zu leben! Liebe heißt immer, die Furcht loszulassen. In unserem modernen hochentwickelten christlichen Gemeinschaftsleben mit all seinen gruppendynamischen Prozessen und Psycho-Trips besteht die Gefahr, daß wir ständig unsere Ängste rechtfertigen und dabei die einfache Liebe vermeiden. Erst wenn wir das geistliche Wohlergehen eines anderen im Auge haben, können wir unsere Ängste und uns selbst schließlich loslassen. In dem Augenblick, wo wir einem anderen Menschen wirklich dienen, verlassen wir unsere Furcht.
Unsere tiefsitzende Angst stammt aus der unerträglichen Last des Versuchs, uns selbst zu reparieren – wobei wir unbewußt wissen, daß wir eigentlich nicht reparabel sind. Wir bleiben Menschen mit Schatten, egoistisch und lüstern – und wir haben Angst, daß uns das alles beherrschen könnte. Wir wollen andere lieben, und wir wollen von Gott geliebt werden, aber wir wollen das lieben und für das geliebt werden, was wir gleichsam „autonom" sind, also ohne Gott. Darin besteht unser nie endender Stolz und unser sinnloser Versuch der Selbst-Rechtfertigung. Das wird niemals funktionieren. Solange wir darauf bestehen, uns wegen unserer eigenen unabhängigen Qualitäten für liebenswert zu halten, wird das immer wieder und wieder durch die nackten Tatsachen widerlegt. Immer neue Schuldgefühle werden auf der Bildfläche erscheinen, wie wir bei den meisten Zeitgenossen, vor allem aus der Mittelschicht, beobachten kön-

Fragment des Leibes Christi
Gottesdienst in New Jerusalem

nen. Die göttliche Liebe hat nichts mit natürlicher Anziehung zu tun. Die meisten Menschen in dieser Lebensgemeinschaft hier wären wohl von Natur aus nicht unbedingt miteinander befreundet. Unsere Liebe beruht nicht auf romantischen Gefühlen füreinander. Es ist eine Liebe „in Gott", die uns erlaubt, das geistliche Wachstum des anderen zu suchen und zu fördern. Deshalb gefällt mir das Bild einer christlichen Gemeinde als „Schule des Geistes". Die Idee von der Gemeinde als der glücklichen Großfamilie führt nur zu falschen Erwartungen, zu Verweichlichung und zu unnötigen Verletzungen.
Es ist gut und nötig, daß ich mich meiner selbst freue, aber über das, was ich wirklich bin: ein gesegneter, wenn auch angeknackster Teil des großen Leibes Jesu Christi. Diese unendliche Freude ist die Frucht eines kontemplativen Gebetslebens. Sie hängt nicht an Stimmungen, Vorlieben und Abneigungen, Höhenflügen und Seelentiefen, und auch nicht daran, ob mich andere verletzen oder auf mich eingehen. Das ist das Geheimnis der

„Rechtfertigung allein aus dem Glauben", über die Paulus in seinen Briefen immer wieder schreibt. Sind wir von dem Bedürfnis befreit, uns ständig zu beweisen oder zu rechtfertigen, dann können wir endlich das sein, was wir in Christus sind. Diese Gabe ist so grundlegend, so verborgen, so frei und so gratis, so absolut unverdient und nicht erarbeitet – daß sie von den meisten Menschen verpaßt wird, oder daß man monströse religiöse Verrenkungen veranstaltet, um ihrer nur ja würdig zu sein! Gott finden und sich selbst verlieren, das ist eins.

Dieser Glaube, diese Liebe, dieses heilige Geheimnis, von dem wir nur ein kleiner Teil sind, kann in der schweigenden Betrachtung des Gebets geweckt und aufgenommen werden. Diejenigen, die betrachten, wer sie in Gottes ekstatischer Liebe sind, werden verändert, noch während sie schauen und horchen und finden und teilen. Diesen Gott kann man, wie eine verführerische Frau, nur im Akt der Liebe erkennen. Wir erkennen Gott, indem wir Gott lieben. Ich meine sogar, es ist wichtiger zu wissen, daß wir Gott lieben, als zu wissen, daß Gott uns liebt – obwohl beide Bewegungen letztlich eins sind. Am Ende eines Glaubenslebens besteht die Summe all unserer Gotteserkenntnis darin, daß Gott uns erkennt – und daß Gottes Erkennen vollkommene Empfänglichkeit ist – wie ein Spiegel. Aus irgendeinem Grund reicht diese Erkenntnis, um eine unendliche Freude auszulösen und lebendig zu halten. Man muß es nur versuchen!

Wir alle sind sowohl *nichts* (Spiegel) als auch *alles* (Maske). Die Reise in unsere eigene Nichtigkeit heißt Glaube. Die Reise in die Ganzheit heißt Liebe. Beide treffen sich in der stillen, starken Freude des kontemplativen Gebets. Von diesem Ort der Wahrheit aus, wo wir *„mit Christus in Gott verborgen"* sind, können wir mit voller Autorität und Hingabe zur Welt reden und der Welt als Spiegel und Masken Gottes dienen.

Vierzehn Jahre alt ist unsere Gemeinschaft. Mit vierzehn werden wir eingeladen, zum Zentrum zurückzukehren. Wie alle unerfahrenen Liebhaber sind wir versucht gewesen, uns zu prostituieren. Wir haben den Glauben manchmal durch gute Gruppenprozesse ersetzt; persönliches Besitzstreben hat mitunter den Glaubensgehorsam verdrängt, Psychologisiererei die Liebe, oberflächliche Freizeitgestaltung die Stille des Gebets. Wenn unser Glaube noch nicht stark ist, wenn unsere Liebe noch nicht tragfähig ist, wenn wir noch nicht angefangen haben, wirklich zu beten – dann könnte das damit zusammenhängen, daß wir gemeint haben, wir könnten das alles selber schaffen, anstatt einfach zu sein, was wir in Christus schon sind.

Wir werden langsam erwachsen. Erwachsener Glaube und erwachsene Liebe sind angesagt. Christus allein ist unser Ruhm. Christus allein ist unsere Rechtfertigung und unser Sieg. Christus allein ist unser Gründer und Eckstein. Christus allein ist unsere Freude und unsere radikale Befreiung. In Christus sind wir beides: nichts und alles. In Christus werden wir befreit, Spiegel zu sein und Masken.

Ich möchte mit einem Zitat jenes Mannes schließen, der mich so viel gelehrt hat, seit ich eine Zeitlang in seiner Einsiedelei gelebt habe:

Alles gehört mir, weil alles Ihm gehört.
Wäre es nicht Sein, könnte es niemals mein sein.
Könnte es nicht mein werden, würde Er selbst es
niemals wollen.
Alles was Sein ist, ist Er Selbst.
Alles, was Er mir gibt, wird auf gewisse Weise mein
Selbst.
Was ist dann mein? Er ist mein.
Und was ist Sein? Ich bin Sein.

Thomas Merton

Zum Weiterlesen:
Merton, Thomas: Meditationen eines Einsiedlers. Zürich–Einsiedeln–Köln, Benziger Verlag, 1984.

Gregory A. Flannery:

RICHARD ROHR
Ein Portrait

Ich kannte seinen Namen schon Jahre, bevor ich dem Mann erstmals begegnete. Er war jener progressive Franziskaner-Pater an der strengen katholischen Roger-Bacon-High-School in Cincinnati. Er war jener Priester, der jedes Wochenende eine Gebetsversammlung mit tausend Teenagern abhielt. Meine erste Begegnung mit ihm war nicht freiwillig: ein Besinnungs-Wochenende gehörte zu den Voraussetzungen für den Schulabschluß. An einem wolkenverhangenen Apriltag im Jahre 1974 sprach er zu uns über den Heiligen Geist als einem „gewaltigen Sturmwind". Am selben Tag verwüstete ein Tornado Teile von Cincinnati. Pater Richard kann Eindruck machen!
Vierzehn Jahre nach seiner Priesterweihe ist er ein international bekannter Exerzitienmeister, Prediger und Autor. New Jerusalem, die Laien-Kommunität, die er gegründet hat, ist ein Modell kirchlicher Erneuerung in einer Zeit, wo es immer weniger Berufungen zum Priesteramt und zum Ordensleben gibt.
Doch bevor er im April 1985 New Jerusalem verließ, zitierte er den heiligen Franz: „Laßt uns anfangen, denn bisher haben wir noch gar nichts getan".

Ein Sohn des Franziskus

Das Franziskus-Zitat war kein Zufall. Richard Rohr hat sich dem Heiligen von Assisi verschrieben. New Jerusalem hat seine Kapelle beispielsweise *Portiuncula* genannt (nach jener kleinen Kapelle, vor der Franz von Assisi starb und um die herum seine ersten Brüder lebten). Die Gemeinschaft nennt Franz von Assisi „unseren ersten Inspirator". Die Erneuerung der Kirche durch jenen Heiligen des 13. Jahrhunderts ist der Antrieb hinter Richard Rohrs eigener Vision. „Ich könnte mir nichts anderes vorstellen als Franziskaner zu sein", sagt er. Wenn er davon redet, „im System zu arbeiten, aber am Rand, dem Ort der

Freiheit", dann tritt er damit bewußt in die Fußstapfen des Franziskus. An Franz von Assisi hat die Kirche gesehen, welche Anziehungskraft ein Mensch hat, der in völliger Hingabe an Gott lebt. Wenn man die Auflagen der Predigtmitschnitte auf Kassetten und die Nachfrage nach Richard Rohrs Dienst als Leiter von Einkehrtagungen sieht, dann scheint Pater Rohr ein ähnliches Charisma zu besitzen.

„Er hat eine eigenartige Weise, seine Botschaft ‚rüberzubringen'", sagt Pater *John Quigley*, ein Mit-Franziskaner, der Richard Rohr schon aus dem Seminar kennt. „Wenn er redet, klickt es bei seinen Zuhörern, weil er nicht ihren Kopf, sondern ihren Bauch erreicht. Durch Beobachtung kommt Richard zu seinen Gedankengängen. Er liest viel, aber ich glaube nicht, daß er viel über das nachdenkt, was er liest. Er stopft es einfach in sich hinein und es kommt unzensiert zum Vorschein, sobald er vor einem Mikrophon steht. Was er sagt, überrascht seine Zuhörer – und ich glaube, es überrascht ihn selbst."

Teil dieser Überraschungen sind die Quellen, aus denen sich sein Denken speist. Seine Lehre umfaßt die ganze Skala vom Zungenreden bis zu C. G. Jung. Er zitiert moderne Psychologie mit gleicher Geläufigkeit wie die Heilige Schrift. Für Richard Rohr bedeutet *katholisch* „allumspannend".

„Ich sehe meinen Dienst als Versöhnung von Gegensätzen", sagt er. „Jung gab mir die psychologische Sprache, um das auszudrücken, was Jesus schon immer gesagt hat: Das Unkraut und der Weizen wachsen gemeinsam.

Die katholische Theologie, die vorherrschte, als ich aufwuchs, lief darauf hinaus, das Unkraut auszurotten – es war eine totalitäre Theologie geistlicher Gewalttätigkeit. Man brachte den Menschen bei, ihre Seelen zu vergewaltigen und ihre dunklen Seiten auszumerzen. Wenn sie dann erwachsen werden und die Probleme der Welt mit den Augen dieser totalitären Frömmigkeit betrachten, dann kommen sie zu dem Schluß: ‚Killt die Bastarde'! Wir leugnen unsere eigenen dunklen Seiten und projizieren sie auf andere.

Der Dämon ist nicht Rußland; der Dämon sitzt in unserer eigenen Seele. Wir müssen uns mit unserem eigenen Schatten versöhnen, bevor wir der Welt Versöhnung bringen können."

Seit seinen ersten Jahren als Priester gehört Richard Rohr zur Avantgarde der kirchlichen Erneuerung. Der Grund, weshalb er ein ständig wachsendes Publikum anzieht, besteht gerade darin, daß er nicht stehengeblieben ist. Seine Botschaft hat sich kontinuierlich verändert: Er erregte erstmals Aufsehen als der Priester, der Anfang der 70er Jahre die charismatische Bewegung nach Cincinnati brachte. Heute ruft er in seinen Predigten die Christen meist zum sozialen Engagement auf. „Amerika wird zum gegenwärtigen Zeitpunkt von einem Todeswunsch regiert", sagt er. „Wir haben eine Liebesaffäre mit der Finsternis und nennen sie Licht. Ich wüßte nicht, was ich mit meinem Leben anderes machen sollte, als Gemeinschaft zu bauen, eine kleine Enklave, die fähig ist, anders zu denken und zu reden als die Welt." Pfingsten 1983 wurde Pater Richard wegen seiner Teilnahme an einem illegalen Friedensgebet im Kapitol von Washington verhaftet.

„Ich möchte innerhalb des Systems stehen, dabei aber so weit am Rand bleiben wie möglich", sagt er. „Das ist der Ort der Freiheit, wo man nicht so leicht käuflich ist. Ich möchte einfach Franz von Assisi folgen."

Derselbe Priester, der einst einen so großen Nachdruck auf eine persönliche Beziehung zu Jesus Christus legte, bedrängt die Kirche heute, für soziale Gerechtigkeit zu kämpfen. Das ist seiner Auffassung nach keine wirkliche Veränderung, sondern vielmehr eine folgerichtige Konsequenz.

„Mir ging es von Anfang an um soziale Gerechtigkeit. Mein einziger Irrtum bestand darin, daß ich glaubte, sobald Leute Jesus kennenlernen, kommen sie ganz von alleine darauf, Armenspeisungen zu organisieren und gegen Atomrüstung zu kämpfen. Das war nicht der Fall. Statt dessen erlebte ich, wie viele Leute Religion als Selbstzweck betrieben. Viele Charismatiker wurden keine Universalisten, sondern zogen sich in eine sanft-fromme Innerlichkeit zurück." Süßliche Frömmigkeit hat Pater Richard allerdings nicht zu bieten.

„Ich bin ein Reformer", sagt er. „Diese Gabe führt dazu, daß Dinge in Bewegung geraten. Der Fluch dieser Gabe ist es, zu sehen, wie kaputt diese Welt ist. Typen wie ich sehen sofort, was nicht stimmt. Ein reformerisches Charisma zu haben, tut manchmal sehr weh. Aber es ist eine Gabe Gottes."

Das fleischgewordene Wort

Der Hauptkritikpunkt dieses Reformers am heutigen Christentum liegt in einer „privatisierten Frömmigkeit. Wir fragen eher danach, was Jesus *für* uns tun kann als danach, was Jesus *durch* uns tun kann", sagt er. Als Heilmittel bietet er seine „Inkarnations-Theologie" an, die – wie Pater John Quigley sich ausdrücken würde – den Glauben vom Kopf in den Bauch und von dort auf die Straße bringt.

New Jerusalem ist das bisher überzeugendste Beispiel für den Versuch, Richard Rohrs Vision von Kirche „mit Fleisch zu füllen". Es handelt sich um eine Laien-Gemeinschaft von 250 Erwachsenen (und sehr vielen Kindern), die alle im Stadtteil „Winton Place" wohnen.

Pater John, der sechs Jahre Mitglied im Leitungsteam von New Jerusalem war, nennt diese Gemeinschaft „ein Laboratorium der Ekklesiologie[1]". Pater Richard spricht von einem „Experiment des Gemeindeaufbaus". Die Teenager, die in den 70er Jahren zusammenströmten, um in Zungen zu reden, haben in den 80er Jahren Leitungsverantwortung in der Kirche übernommen. Mitglieder der Gemeinschaft haben Einkehrtage in aller Welt gehalten und ihre Erfahrungen weitergetragen – bis nach Neuseeland!

New Jerusalem ist eine Gemeinde, die von Laien geleitet wird, allerdings nur inoffiziell. Offiziell gilt sie als „Laien-Bruderschaft" in der Erzdiözese Cincinnati. In dieser Eigenschaft darf sie nach katholischem Kirchenrecht als einzige Gruppe neben der Ortsgemeinde eine eigene regelmäßige Sonntagsmesse feiern.

Wenn sich auch New Jerusalem um Richard Rohr herum gebildet hat, waren doch schon immer die Laien stark an der Leitung beteiligt.

Chris Auer, eine der Administratorinnen der Gemeinschaft beschreibt das so: „Wir sagten immer, Richard ist für den Inhalt

1 Ekklesiologie: Lehre von der Kirche.

verantwortlich, und wir dafür, daß der Inhalt umgesetzt wird. Was Entscheidungen betrifft, so hat sie Richard in den letzten sechs Jahren völlig an uns delegiert!

Die täglichen Entscheidungen werden heute von Chris und ihrem Mann *Ron Auer* und einem sechsköpfigen Team von Assistenten getroffen. Die Finanzverwaltung, der Papierkram, all die Bürokratie, die einen normalen Pfarrer so sehr mit Beschlag belegen, werden von Laien selbständig erledigt.

Laien-Führung bedeutet allerdings mehr, als Pfarramtsroutine zu erledigen. „Neben der Verwaltung", sagt Ron Auer, „fällt das Leitungsteam gemeinsam die pastoralen Entscheidungen für die ganze Gemeinschaft."

Wer zu New Jerusalem gehört, übernimmt Verantwortung für sein eigenes geistliches Wachstum. Die Katechese der Kinder und der Erwachsenen liegt in den Händen von Laien. Laien üben Seelsorge und geistliche Begleitung aneinander aus.

Die Auers sagen, New Jerusalem sei als „Netzwerk geistlicher Kameradschaft" organisiert. Die Mitglieder der Gemeinschaft gehören gleichzeitig zu verbindlichen Kleingruppen von jeweils bis zu acht Personen, die sich regelmäßig zum Gebet treffen und einander in ihrer Treue zum Evangelium bestärken.

„Richard mußte nie Spendenaufrufe[1] halten. Hierin unterscheidet sich eine Personal-Gemeinde von einer herkömmlichen Kirchengemeinde. Die Menschen sind hierhergezogen, weil sie in New Jerusalem sein wollten."

Das Leben Christi ist Gemeinschaft, und Gemeinschaft ist Dienst, hatte Pater Richard gelehrt. Deshalb arbeiten Mitglieder der Gemeinschaft ehrenamtlich bei einer Armenspeisung in Cincinnatis Glasscherbenviertel „Over-the-Rhine" mit. 15 Prozent der Einnahmen der Kommunität werden zur Bekämpfung der Armut aufgewendet – 10 Prozent für Programme vor Ort und fünf Prozent für die Dritte Welt. Die Gemeinschaft produziert und vertreibt Kassetten mit Richard Rohrs Vorträgen. Immer wieder gehen Mitglieder der Gemeinschaft in Kirchengemeinden oder zu anderen kirchlichen Gruppen, um dort ihre Erfahrungen weiterzugeben.

1 Die amerikanischen Kirchen leben ausschließlich von Spenden ihrer Mitglieder.

Die meisten Kontroversen hat New Jerusalems Arbeit im Bereich der sozialen Gerechtigkeit ausgelöst – der Versuch, die Ethik des Evangeliums auf öffentliche Probleme anzuwenden. Zwei Mitglieder der Gemeinschaft leben ein Jahr lang an der Grenze zwischen Nicaragua und Honduras, als Teil eines Programmes, das „Zeugnis für den Frieden" heißt. Die ganze Gemeinschaft hat sich der „Freeze"-Resolution angeschlossen, die das Einfrieren der Atomwaffen-Arsenale fordert, und viele Mitglieder sind in Friedensgruppen aktiv. 1985 gab die Gemeinschaft ein eigenes Diskussionspapier heraus mit dem Titel „Eine katholische politische Plattform". Dabei ging es um elf Einzelpunkte, die bei der Präsidentenwahl eine Rolle spielten.

Bill Lonneman, der New Jerusalems Außen-Aktivitäten mitkoordiniert, meint, es sei zu einfach, die Gemeinschaft als „liberal" abzustempeln[1].

„Die liberale Position enthält keine echte Ethik. Das, was für den Einzelnen gut ist, das ist richtig", sagt Lonneman. „Viele ethische Positionen der Kirche sind konservativ und viele sind liberal. Wir haben uns in vielem eigentlich nur die Positionen der amerikanischen Bischöfe zu eigen gemacht – und sie vielleicht gelegentlich ein kleines bißchen weitergeführt."

Richard Rohr unterscheidet zwischen „Macht-Konservativen" und „Werte-Konservativen": „Die Macht-Konservativen benützen religiöses Vokabular und den Anschein von konservativen Werten um ihre eigenen privilegierten Positionen zu erhalten. Amerika steht heute so weit rechts, daß jede auch nur gemäßigte Position als ‚links' verschrien wird. Eine Kirche, die sich dieser Situation aussetzt, macht sich unbeliebt. Heute ziehen wir den Haß der Regierung und den Haß der Kommunisten auf uns."

Die Kirche muß sich ihrer Berufung erinnern, *pontifex maximus* zu sein, die große Brücken-Bauerin, meint Pater Richard. „Bei den Macht-Konservativen und den Macht-Progressiven weiß man schon vorher, wo sie stehen werden. Sie sind absolut vorhersagbar. Ich möchte gerne ein Werte-Konservativer und Werte-Progressiver sein, der die Freiheit hat, die Dinge immer wieder

1 In Amerika hat der Begriff „liberal" einen anderen Klang als bei uns. Es schwingt auch das mit, was man bei uns „links" oder „progressiv" nennen würde.

schöpferisch und neu zu sehen. Imagination ist das Echtheits-Zertifikat biblischen Denkens: durch die großen Träume und Visionen, die Gott uns schenkt, bekommen wir einen völlig neuen Zugang zur Wirklichkeit. Wenn jemand in diesen neuen Bildern des Geistes und mit ihnen lebt, dann wird er zum Reformer. In diesem Sinne ist die Freiheit des Evangeliums tatsächlich die Freiheit, progressiv zu sein."

Der Prophet im Vaterland

Ernstzunehmende Reformer und Reformen fordern zum Widerspruch heraus. Das gilt auch für Richard Rohr und seine Gemeinschaft.

Pater *Celsus Griese* war Rohrs Lehrer im Priesterseminar. Heute ist er Pfarrer an der Kirche Mariä Verkündigung in Cincinnati. Für die politischen Positionen New Jerusalems hat er wenig übrig. „Sie schicken jemanden eine Woche lang nach Nicaragua, und dann kommt er wieder und sagt: Da unten ist nichts. Da gibt es keine Kommunisten", sagt Griese.

New Jerusalem ist nach Meinung von Pater Celsus „zu esoterisch. Sie praktizieren eine Sonderform von Elite-Bewußtsein. Franz von Assisi umarmte alle, nicht nur Randgruppen."

Es ist interessant, daß der Vorwurf, elitär zu sein, niemanden in New Jerusalem aus der Fassung bringt. Keiner springt auf und sagt: „Das stimmt nicht!" Schwester *Pat Brockman,* eine Ursulinin, die seit 1972 zur Leitung von New Jerusalem gehört, sagt: „Ich weiß, daß das manche Leute so sehen. Wir wollen das nicht. Es gibt auch keinen, der durch die Gegend rennt und herumposaunt: New Jerusalem ist besser als alles andere." Dennoch ist es ihrer Meinung nach verständlich, wenn Außenstehende die Gemeinschaft für elitär halten.

„New Jerusalem unterscheidet sich durch gewisse Verbindlichkeiten von normalen Pfarreien", sagt Schwester Pat. „Es gibt bei uns ein einjähriges Katechumenat, eine Vorbereitungsphase nach dem offiziellen kirchlichen Initiations-Ritus. Der oder die Beitrittswillige und die Gemeinschaft müssen eine Entscheidung füreinander treffen. Man kann nicht einfach in unsere Gegend ziehen und dann automatisch Mitglied von New Jerusalem sein.

Unsere Absicht ist es, tatsächlich gelebter Gemeinschaft erhöhte Bedeutung beizumessen und das Bewußtsein dafür zu fördern. Wer kommt, sagt mit diesem Schritt: Ich möchte herausgefordert werden. In diesem Sinne sind wir tatsächlich nicht für alle offen."
Erzbischof *Daniel Pilarczyk* von Cincinnati teilt ihre Ansicht. „New Jerusalem ist *ein* Weg unter vielen, eine eigene Art von Spiritualität", sagt er. „Die Gemeinschaft hat sich immer darum bemüht, mit der ganzen Kirche eng verbunden zu bleiben. Elitäres Gehabe ist die Gefahr abgekapselter kleiner frommer Zirkel. New Jerusalem hat alles getan, um nicht in diese Falle zu geraten."

Ein kleiner Rest

Pater Richard hat oft das biblische Bild des „kleinen Restes" benutzt, der zu Gott hält. Damit meint er die wenigen, die die Wüste und das Kreuz auf sich nehmen und vom Geist Gottes vorangetrieben werden. Dieses Bild spielt für das Selbstverständnis New Jerusalems eine wichtige Rolle.
Merkwürdigerweise hat gerade diese Gruppe, die den Wert der Gemeinschaft so hochhält, geistliches Wachstum oft dadurch erlebt, daß sie immer wieder Trennungen vollzogen hat. Das Bild vom Rest tauchte erstmals 1975 auf, als New Jerusalem in Scharen ins Stadtviertel Winton Place umzog, wo die Gemeinschaft noch heute angesiedelt ist. Der Schritt zum gemeinsamen Leben in gemischtgeschlechtlichen Wohngemeinschaften ließ den Elite-Vorwurf zum ersten Mal laut werden, weil die neue Definition von Gemeinschaft Hunderte ausschloß.
1983 begann die Gemeinschaft mit der regelmäßigen Feier einer eigenen Sonntagsmesse. Das war ein wichtiger Schritt, meinen die Mitglieder heute, um wirklich selbst Leib Christi zu sein. Vorher hatten die meisten New Jerusalemer die Messe in der St. Bernhardkirche besucht, deren früherer Kindergarten heute New Jerusalems „Portiuncula" ist. Diese Trennung führte erneut zu den alten Vorwürfen des Elite-Bewußtseins – und stärkte wiederum das Selbstbewußtsein der Gemeinschaft. *Tom Neubekker,* Vorsitzender des Bürgervereins von Winton Place und Mitglied des Pfarrgemeinderats von St. Bernhard erzählt, wie sehr die Pfarrei unter diesem Bruch gelitten hat. „Es war fast wie

eine Ehescheidung“, sagt er. „Das war für viele unserer Gemeindeglieder sehr schwierig. Wir fühlten uns abgewiesen, so als wären wir nicht gut genug. Außerdem waren wir sowieso eine kleine Pfarrei. Auf einen Schlag verloren wir ein Drittel unserer Mitglieder. Es macht uns noch immer traurig, daß hier jetzt zwei katholische Gemeinden Seite an Seite existieren und doch nicht eins sind. Wir feiern ja keinen gemeinsamen Gottesdienst mehr.“
Schwester Pat sagt, New Jerusalem hätte versucht, die Trennung so schmerzlos wie möglich zu vollziehen. „Wir haben uns nicht wirklich von St. Bernhard getrennt“, meint sie. „Wir teilten am Anfang zwar vieles miteinander, aber wir waren dennoch offiziell als eigene Gemeinschaft innerhalb der Erzdiözese anerkannt. Beide Gemeinden sind miteinander und in der Auseinandersetzung miteinander gewachsen und gereift, deswegen tat die Trennung emotional weh. Aber schon vorher waren wir eine eigene Personal-Gemeinde.“
Zur Zeit durchlebt New Jerusalem die allerschwierigste Trennung. Pater Richard hat sich ein Jahr beurlauben lassen und hat für die Zeit danach eine Einladung von Erzbischof *Robert Sanchez* aus Albuquerque/New Mexico angenommen, dort im Südwesten der Vereinigten Staaten ein neues Projekt zu beginnen.
Der Gründer hat New Jerusalem verlassen.
Pater Richard sagt, dies sei der letzte konsequente Schritt in seinem kirchlichen Experiment.
„Ich spüre, daß ich das Ganze loslassen muß, um es ganz in Laien-Hände zu legen. Das ist das letzte Stadium in diesem Abenteuer. Wir wollten schon immer eine Laien-Gemeinschaft sein, Laien-Pastoren haben und der Kirche beweisen, daß Laien geistliche Führung in einer christlichen Gemeinschaft übernehmen können. Das will die Kirche, und das braucht die Kirche!“
Chris Auer sagt, New Jerusalem sei dazu gerüstet. „Außer Richard haben bei uns schon immer Laien die Hauptverantwortung getragen“, sagt sie. „Dies ist nur der letzte Schritt, um das umzusetzen. Was seine bisherigen Aufgaben anbelangt, können wir ihn ersetzen; was unersetzbar ist, das ist sein prophetisches Charisma.“
Nach *Ron Auer* wurden zwar die meisten Mitglieder von New Jerusalem durch Pater Richard angezogen, aber in Wirklichkeit war es der Heilige Geist, der sie angesprochen hat, der durch ihn

geredet hat. „Viele von uns haben starke charismatische Durchbruchserlebnisse gehabt, die unser Leben verändert haben. Auf diesem Weg wollen wir bleiben, wo immer er auch hinführt."
Pater Richard hält es für wichtig, die Kommunität zu verlassen. „13 Jahre lang stand ein Reformer an der Spitze dieser Gemeinschaft", sagt er. „Manchmal bin ich ihnen zur Last geworden. Sie pflegten zu sagen: ‚Ach Richard, wir müssen nicht jede Woche reformiert werden'. Mein reformerisches Charisma war mitunter ein Kreuz für New Jerusalem."
Ron Auer ist derselben Meinung. „Eine Veränderung, mit der Richard nur schwer fertiggeworden ist, war die Tatsache, daß wir nicht mehr so einfach zehn Leute in einen Kleinbus setzen können, damit sie durchs Land fahren und predigen. Er ist von einem so feurigen Enthusiasmus erfüllt, der manchmal gedämpft werden muß, damit die Familien nicht zu kurz kommen."
Wird der Abschied des Gründers die Entwicklung der Gemeinschaft zum Stillstand bringen? Pater Richard selbst glaubt das nicht. Er ist überzeugt davon, daß sich New Jerusalem in guten Händen befindet.
„Ich war die Vaterfigur. Sie waren Söhne und Töchter", sagt er. „Jetzt sind sie alle erwachsen und brauchen einen Pastor, der Kamerad und Gegenüber ist. Sie sind reif für ihre eigene Weihe zum Priestertum aller Gläubigen, nachdem sie über zehn Jahre treu in der Gemeinschaft gelebt haben."

Das Evangelium, das ich verkünde

„Die Nachfolge" von *Dietrich Bonhoeffer* ist eines der einflußreichsten Bücher in der Entwicklung New Jerusalems gewesen. Dem Evangelium treu zu sein bedeutet mehr, als die Sakramente zu vollziehen; es bedeutet die Veränderung des Herzens und führt zu einem neuen Lebensstil.
Wie versöhnt man den feurigen Enthusiasmus Richard Rohrs mit den Forderungen des Alltags?
„Ich glaube nicht, daß es darauf ankommt, unter einem Dach zu wohnen oder finanziell aus einem einzigen Topf zu leben", sagt er. „Gemeinde bedeutet in erster Linie Bekehrung weg von den eigenen Ansprüchen zu dem, was für andere gut ist. Was ist gut

für die Menschen um mich herum, was ist gut für unser Land, was ist gut für die Kirche? Anstatt: Was ist für mich selbst am besten?“

Nirgends auf der Welt ist seiner Meinung nach diese Umkehr schwieriger als in Amerika.

„Das größte geistliche Problem der westlichen Welt sind die übergroßen Egos. Das Ego erwartet zu viel von sich selbst und für sich selbst“, sagt er. „Man muß nur einmal sehen, wie viele Rechte die meisten Menschen für sich beanspruchen. Und wie schnell wir beleidigt sind, wenn wir zu kurz kommen.“

Seit mehr als sechs Jahren predigt Rohr in Ländern der Dritten Welt – in Afrika, Asien und Süd-Amerika.

„In Asien habe ich Menschen getroffen, deren Egos in Balance waren“, berichtet er. „Um Amerikaner auf dem Weg der Heiligung voranzubringen, müssen wir uns mit dem falschen Verständnis von Selbstverwirklichung auseinandersetzen, einer Selbstverwirklichung, die auf Kosten anderer geht. Was die großen geistlichen Lehrer aller Zeiten gelehrt haben, überzeugt auch mich: Ablegen des Ichs und seiner Ansprüche, Loslassen der falschen Vorstellungen über uns selbst. Sobald die Seele ganz entkleidet und nackt dasteht, kommt jener kleine innere Ort zum Vorschein, an dem Gott sich offenbaren kann.“

Gern zitiert er *Meister Eckhart,* den deutschen Mystiker aus dem 13. Jahrundert: „Die Aufgabe, Seelen zu gewinnen, hat mehr mit Abnehmen als mit Wachsen zu tun.“

Das, sagt Pater Richard, steht in krassem Gegensatz zur heute populären amerikanischen Frömmigkeit: „Wir sind unersättlich und häufen immer mehr an; das gilt auf der materiellen Ebene ebenso wie auf der geistlichen. Wir werden im Geist getauft, wir wissen alles über die Bibel, wir gehen zu Gottesdiensten. Ein Großteil davon ist Fütterung des Egos und sonst nichts. Deshalb glaube ich auch nicht mehr, daß die christliche Gemeinde der Ort sein kann, wo man wie eine große, glückliche Familie lebt und jeder kommen und fordern kann: ‚Liebt mich! Heilt mich! Fangt mich auf!‘ Die Gemeinde sollte statt dessen eine Schule des geistlichen Lebens sein.“

„Die Kirchen in der Dritten Welt müssen sich mit der Frage nach ihrem kulturellen und wirtschaftlichen Überleben auseinandersetzen“, sagt er. „Deshalb sind die Fragen, die sie an die Bibel

haben, realistisch. In Amerika stellen wir vor allem psychologische Fragen.
Wenn man täglich darum kämpfen muß, das eigene Volk am Leben zu halten, dann gewinnt der Glaube an Schärfe. In Amerika beschäftigen sich die Bischöfe damit, ob in den Hostien Honig sein darf. Wir bringen es fertig, Unmengen von Zeit und Tinte auf die tiefsinnige Frage zu verschwenden, ob in den Abendmahls-Oblaten überflüssige Bestandteile sein könnten.
Franziskus kannte die Befreiungstheologie Jahrhunderte vor dem momentanen Trend. Die Vorzugsstellung der Armen ist seine Idee: sie haben nichts zu verteidigen, nichts zu beweisen. Der Jesus, über den die neue Rechte und die *Moralische Mehrheit* redet, ist nicht der Jesus, der durch Galiläa wanderte und barmherzig war."
Die göttliche Befreiung finden wir nach Richard Rohr allein im Kreuz, in der Umarmung des Aussätzigen, im Lebenskampf der Gemeinde.
„Ich bin ein Anhänger solch altmodischer Werte wie Demut und Opferbereitschaft", sagt er.
Diese Tugenden sind das geistliche Erbe des gekreuzigten Christus und des Franz von Assisi. Dazu ermahnt Pater Richard fortwährend seine Kirche:
„Laßt uns anfangen, denn bisher haben wir noch gar nichts getan!"

Gregory A. Flannery ist freier Journalist. Nach dem Abbruch des Priesterseminars heiratete er und ist heute Vater von drei Söhnen.

Das christliche Buch zur Männerbefreiung

Richard Rohr

Der wilde Mann

Geistliche Reden zu Männerbefreiung

übersetzt und mit einer Vor-Rede versehen von Andreas Ebert
152 Seiten mit mehreren s/w Abbildungen, Pbck., Format
12 × 19,7 cm, DM 16,80, ISBN 3-532-62042-1

Richard Rohrs „Der wilde Mann" ist ein ebenso engagiertes wie erfrischendes Buch männlicher Spiritualität. Es liefert einen befreienden Ansatz zu einer Emanzipation des Mannes in- und außerhalb der Kirche. *Franz Alt*

„Angesichts der feministischen Theologie mußte es kommen, das Buch über den Mann. Aber daß es so werden würde, hätte man nicht zu hoffen gewagt. Ich selber lese es nun schon zum dritten Male und bin von jeder Seite angetan. Ein ungewöhnlich hilfreiches Buch – wirklich nur für Männer gedacht! *Reinhard Schinzer, Christ und Buch*

Neu

Dieses Buch dokumentiert die großen Reden der vielbesuchten Vortragsreise Richard Rohrs im März 1990 in Europa. Sensationelle Bibelauslegungen sind der Ausgangspunkt für Rohrs Vision einer Theologie der Freiheit und der radikalen Nachfolge. Rohr, einer der großen Wegbereiter einer eigenständigen westlichen Spiritualität, führt seine Leser in die Tiefe geistigen Wachstums. Diese Reden zeigen erstmals sein neues weltumspannendes Konzept von Kirche aus der Perspektive der Armen (Lateinamerika), der Frauen (Europa und Nordamerika), der Meditativen (Asien) und der Basisgemeinschaften (Afrika).

160 Seiten mit s/w-Abbildungen
Pbck., DM 16,80, ISBN 3-532-62108-8

Claudius Verlag · Birkerstraße 22 · 8000 München 19